Karl August Hugo Burkhardt

Der historische Hans Kohlhase und Heinrich von Kleist's Michael Kohlhaas

Karl August Hugo Burkhardt

Der historische Hans Kohlhase und Heinrich von Kleist's Michael Kohlhaas

ISBN/EAN: 9783743496408

Hergestellt in Europa, USA, Kanada, Australien, Japan

Cover: Foto ©Thomas Meinert / pixelio.de

Manufactured and distributed by brebook publishing software (www.brebook.com)

Karl August Hugo Burkhardt

Der historische Hans Kohlhase und Heinrich von Kleist's Michael Kohlhaas

Der historische

Hans Kohlhase.

und

Heinrich von Kleist's

Michael Kohlhaas.

Nach neu aufgefundenen Quellen dargestellt

von

Dr. C. A. H. Burkhardt,

Großh. Sächs. Archivar bei dem Geh. Staats-Archive und gemeinschaftl. Archivar am
S. Ernest. Gesammt-Archive zu Weimar.

Leipzig,
Verlag von F. C. W. Vogel.
1864.

Dem

Vereine für Kunst und Wissenschaft

zu Weimar.

Vorwort.

Als ich im vergangenen Winter dem Versprechen Rechnung trug, in unserem Vereine für Kunst und Wissenschaft mit einem Vortrag den Abend auszufüllen, konnte in meiner Stellung die Wahl eines Thema's nicht schwer fallen. Denn ein Archivbeamter ist ja vor Vielen stets in der glücklichen Lage, in dieser Beziehung eine Verlegenheit nicht zu kennen. Bei ihm kommt es nur darauf an, daß die Kritik ihm bei den Vorzügen seiner Stellung nachzuweisen nicht vermag, wie man mit gleichen Mitteln ungleich Besseres und Interessanteres hätte darbieten können.

In gewissem Sinne war es aber doch ein Spiel des Zufalls, an jenem Abend auf die durch Kleist's Erzählung interessant gewordene Geschichte von Michael Kohlhaas zurückkommen und mit Hülfe eines reichen Materials das Verhältniß des Kleist'schen Michael Kohlhaas zum historischen Hans Kohlhase darlegen zu können.

Die Beschäftigung mit der Herausgabe der noch unbekannten Correspondenzen Luther's aus unserem reichen Gesammtarchive führte mich zu einer — man verzeihe meinem Geschmacke — nicht gerade beliebten Archivabtheilung, zu den „Malefiz-Händeln", um auch dort den Spuren lutherischer Thätigkeit nachzugehen. Ich war überrascht, neben unbekannten Briefen Luther's auch auf des Kohlhasen Namen zu stoßen, dessen Geschichte einst mein jugendliches Interesse sehr lebhaft in Anspruch genommen hatte. Die Untersuchung der vier starken Convolute ergab bald, daß es die Original-Untersuchungs-acten gegen Kohlhasen waren, dessen Geschichte Kleist in einer ewig denkwürdig geist- und phantasievollen Weise unsterblich gemacht hat.

Je weiter ich mich in das Studium der leider bunt durch einander liegenden defecten Blätter vertiefte, desto klarer wurde mir, daß Kleist's Erzählung ein überaus reiches Phantasiebild sei und auf historischem Boden nicht fußte. Ich erfaßte mit Freuden die Gelegenheit, in unserem regen wissenschaftlichen Vereine mit dieser Entdeckung hervorzutreten und die Grundzüge des wahren Verlaufs der Sache mitzutheilen.

Das Interesse, welches der Gegenstand erregt hat, ermuthigt mich, auch einem größeren Publicum den historischen Kohlhase mitzutheilen. Wohl weiß ich, daß die Criminalgeschichte, deren wir aus jener Zeit ja so viele haben, an sich nicht von der Bedeutung ist, um sie in einer besonderen Schrift zu behandeln. Hätte Heinrich von Kleist den Kohlhasen nicht zum Gemeingut des deutschen Volkes gemacht, hätte er in seiner zum Theil ganz trefflichen, freilich nicht immer den Charakter des 16. Jahrhunderts treffenden Schilderung nicht so falsche historische Vorstellungen erzeugt, so würde ich schwerlich an die Abfassung dieser Arbeit gedacht haben. Daß es in der gebotenen Form geschieht, daß Alles vermieden worden ist, was das Gepräge der historischen Forschung in den Hintergrund drängt, wird bei einem so verwickelten Stoffe nicht befremden. Auch hoffe ich, daß der Darstellung, bei der es sich zunächst um Feststellung des Thatbestandes handelt, ein Vorwurf nicht erwachsen werde, daß sie selbst von juridischen Bemerkungen geflissentlich sich ferngehalten hat.

Wo es gilt, dem Reiche der Fabel ein Ende zu machen, kann man einzelnen Richtungen in der Darstellung nicht gerecht werden.

Weimar, am 1. Mai 1864.

Dr. Burkhardt.

Einleitung.

Die Kleist'sche Erzählung „Michael Kohlhaas" verdankt ihre Entstehung dem Winter 1804—1805, wo Kleist in Königsberg mit Pfuel wieder zusammentraf, der ihn auf die Geschichte des Kohlhasen als einen vorzüglichen dramatischen Stoff aufmerksam machte.

Es würde überflüssig sein, auf den künstlerischen Werth[1] dieses Products hier nochmals zurückzukommen, das anerkannter Maßen zu den bedeutendsten Schöpfungen unserer Literatur gehört; wenn ich schon geneigt sein möchte, dem letzten Theile dieser Erzählung in ihrer unschönen Entwickelung einen gleichen Werth, welchen der Anfang hat, nicht zuzuerkennen.

Wie dem auch sei, uns kommt es hier auf den **historischen Gesichtspunkt** an.

Kleist's Erzählung hat trotz der vielfachen Verstöße gegen die historische Wahrheit lange Zeit im Wesentlichen doch als ächt historischer Stoff gegolten, und nicht wenig mag dazu — wir adoptiren gern die Ansicht J. Schmidt's — die sinnliche Deutlichkeit, mit der alle Ereignisse im Detail verfolgt sind, beigetragen haben.

Aber wenn man der Erzählung prüfend näher tritt, so wird man gar bald versucht sein, ihr mit Tieck das eigenthümliche Co-

---

[1] Tieck sagt bekanntlich von ihr: Wenn man sieht, mit welcher Festigkeit die Gestalten gezeichnet, wie richtig und wahr ein Ergebniß und ein Gefühl sich aus dem andern nothwendig entwickelt, so wird man fast versucht, zu glauben, daß er hier sein Talent noch glänzender entfalten könne, als im Drama.

stüm des 16. Jahrhunderts abzusprechen und sie in späteren Zeiten wie die August's des Starken zu verweisen; ja einzelne Stellen der Erzählung — „er ging unerkannt mit dem Reste seines kleinen Vermögens, das er in Papieren bei sich trug, nach Dresden" — möchten uns doch zu sehr in das Zeitalter der Eisenbahnen und Dampfschiffe versetzen.

Bei all dem bleibt es merkwürdig, daß es auch unserem neuesten Herausgeber der Kleist'schen Werke nicht hat gelingen wollen, zunächst jene alte Chronik ausfindig zu machen, die Kleist selbst 1810 als seine Quelle bezeichnet.[1]) Vielleicht hätte sie in ihrer Dürftigkeit von so gewagtem Urtheil ferngehalten, daß Kleist's schwerfällig zerhackter Satzbau, die ungeschickten Wiederholungen einzelner Redewendungen vom „Studium der Criminal-Acten" herstamme, die glücklicher Weise diese löbliche Eigenschaft im Zeitalter der Reformation — auch zu meinem Troste — nicht an sich tragen.

Daß aber die Märkische Chronik des Peter Haft die Quelle für Kleist's Erzählung war, dürfte keinem Zweifel unterworfen sein.

Peter Haft lebte nämlich in der zweiten Hälfte des 16. Jahrhunderts in Berlin und beschäftigte sich, als Rector der Schule seines Amtes entlassen, im Privatleben mit Schriftstellerei, der wir neben einem größeren Geschichtswerke der Mark Brandenburg eine kleine brandenburgische Chronik (Microchronicon) zu verdanken haben.

Beide Arbeiten blieben ungedruckt. Aber er selbst trug doch zu ihrer Verbreitung wesentlich bei, indem er verschiedene Abschriften von ihnen anfertigte, in denen er, je nachdem sie Dem oder Jenem dedicirt wurden, unpassende Stellen wegließ.[2])

Später wurden natürlich diese Abschriften von Anderen durch nochmaliges Abschreiben verbreitet und so mag die Chronik, da sie gar nicht selten war, auch in Pfuel's oder Kleist's Hände gekommen sein. Am liebsten möchte ich annehmen, daß Kleist die Chronik selbst bei seiner Arbeit nicht benutzt hat, sondern daß

---

[1]) In der zweiten Ausgabe endlich ist es Julian Schmidt gelungen (Einl. pag. CXLIII.), die Chronik des Haftitius als solche zu bezeichnen.

[2]) S. Riedel, Codex Dipl. Brandenb. IV. I. XVII. Dasselbe wird auch behauptet in: Destinata Literaria et fragm. Lusatica. XII. Stück. 1198.

seine Erzählung lediglich nach Pfuel's Mittheilungen aus dieser Quelle geschaffen ist.

Die kleine märkische Chronik bietet in der Regel zwei Nachrichten über Kohlhase, eine kurze im Stil der Chroniken, und eine längere, die Peter Haft mit Details versah und erst im Laufe der Zeit bei wiederholter Abschriftnahme verfaßt zu haben scheint.[1]

Dieser Quelle gegenüber hat sich Kleist völlige Freiheit bewahrt. Daß er es aber in der Weise und ohne Noth gethan, dürfte ein Beweis mehr sein, wie er nur nach Pfuel's Erzählung und nach den Eindrücken gearbeitet, die die Sache auf ihn momentan gemacht hatte. Denn es liegt doch sicherlich kein poetischer Grund vor, den Namen **Hans** in **Michael**[2] umzuwandeln und so höchst drastische Momente, wie die Entfernung der entseelten Körper seiner Mitschuldigen bei Zinna und den Schmerzensschrei „Recte Judicate" völlig unbenutzt gelassen zu haben. — Eher läßt sich entschuldigen, daß er absichtlich den Kohlhasen aus Kohlhasenbrück und nicht aus Cölln a. d. S. stammen läßt und den Günther von Zaschwitz auf Wellaune und Schnaubitz in den Junker von Tronka auf Tronkenburg verwandelt hat.

Es würde jedoch viel zu weit führen, wenn wir alle Freiheiten hier aufführen wollten. Denn Kleist's Erzählung ist ein so freies Product der Phantasie, daß nur einige Namen aus der Quelle beibehalten worden sind.

Der historische Werth der Chronik des Peter Haft, in soweit sie uns angeht, ist natürlich verschieden, je nachdem es sich um die oben besprochene engere oder weitere Fassung derselben handelt.

Die engere ist dürftig, allgemein gehalten, aber läßt bezüglich ihrer historischen Treue nichts zu wünschen übrig.

Die weitere Fassung ist an Details reicher, leidet aber deßhalb auch an verschiedenen Unrichtigkeiten, die ich auf Grund der Acten zusammengestellt habe und in Folgendem zusammenfasse.

---

[1] Beide bei Riedel l. c. IV. 1. 101 sqq. Zuerst gedruckt in Schöttgen und Kreysig, Diplomat. Nachlese. II. 528 in weiterer Fassung, also schon 1730.
[2] Keine Quelle spricht von Michael Kohlhase.

1) Kohlhase hat nie mit Pferden gehandelt. Den Rappen und den Rothschimmel, den er in Angermünde kauft und mit welchen er hinter seinen längst vorausgegangenen Waaren nachritt, um Schulden einzutreiben, bedurfte er nachweislich für sich. Er war ein Zwischenhändler und handelte mit Speck, Honig und Heringen; Pferdehändler ist er nicht gewesen.

2) Nicht der Adlige (Günther von Zaschwitz, bei Kleist der Junker von Tronka), sondern des Ersteren Bauern beschuldigten ihn des Diebstahls der Pferde; ebenso wenig ist von einem freiwilligen Aufgeben der zurückgelassenen Pferde die Rede, wenn K. keinen Beweis für das Recht des Eigenthums darbieten könne.

3) Hat Kohlhase nicht Zahna angesteckt, sondern nur Marzahna beraubt.

4) Ist die Nachricht falsch, daß das Rädern der Schneidergesellen bei dem Kloster Zinna Pfingsten 1538 vor sich gegangen sei. Es geschah im December und war keine willkürliche That, sondern ein Act der Gerechtigkeit. Gleicher Weise ist die Angabe unrichtig, daß Kohlhase die Worte: „O filii hominum etc." auf den Zettel schrieb; sie lauten nach dem urkundlichen Belege, den ich in der Darstellung angeführt: „Recte Judicate filii hominum!", und endlich irrt der Chronist wieder, wenn er behauptet, daß die Abnahme des Zettels am Pfingstabend erfolgt sei. Im Uebrigen scheint die Quelle Glauben zu verdienen.

Die Literatur über die Fehde Kohlhasens ist nicht arm, obschon es den Darstellern mit wenigen Ausnahmen nicht gelungen ist, die Sache gefördert zu haben.

Meines Wissens hat zuerst 1598 M. Balth. Menz[1]) das Verdienst, in wenigen Worten das Hauptsächlichste zusammengefaßt zu haben, wenn schon sich auch hier einige irrige Facta eingeschlichen, die in meiner Arbeit an den betreffenden Stellen notirt sind.

Dann folgte Leuthinger[2]), welcher zum Jahre 1531 die Fehde

---

[1]) Stammbuch, darinnen der Chur vnnd Fursten zu Sachsen Hochlöbliche Ritterliche Thaten ꝛc. in druck bracht. Wittenberg 1598.
[2]) Scriptorum de rebus marchiae Brandenb. etc. ed. J. C. Krausius.

kurz darstellte. Auch bei ihm findet man keine Vollständigkeit; Genauigkeit in der Reihenfolge und Correctheit in Angabe der Facta mangeln.

In Schöttgen und Kreysig[1]) tritt meines Wissens 1730 die der Chronik des Haft entnommene Erzählung zum ersten Male auf, die sich 1827 nochmals gedruckt in den Berliner Nachrichten[2]) vorfindet.

Weitere urkundliche Beiträge gab 1738 das 12. Stück der Destinata Literaria, welches auch die Geschichte der Gefangenschaft Georg Reiche's, doch auch nicht vollständig enthält, und 1822 brachte das Archiv für Geographie, Historie, Staats- und Kriegskunst die sehr unhistorisch gehaltene Erzählung, die sich 1842 zu allem Ueberfluß in Hormayr's Taschenbuch mit der Ueberschrift: Der Roßkamm im Kriege mit zwei Churfürsten, doch vom Scharfrichter behext wiederholt hat.

Das Beste über Kohlhase der Zeitfolge nach gab Klöden[3]), der es zum ersten Male versuchte mit Hülfe der vorhandenen und einiger neuer Quellen die Geschichte Kohlhasens von der Fabel zu reinigen. Es ist eine recht dankenswerthe Arbeit, der es freilich aus Mangel an Quellen nicht gelungen ist, die Unrichtigkeiten ganz zu beseitigen und ein vollständiges Bild der Verwickelung zu geben.

Neben Menzel's[4]) neuerer Geschichte der Deutschen, der die Geschichte Kohlhasens als einen Beleg für die traurigen innern Zustände der Staatsverwaltung und Gerichtspflege anführt und nichts Neues bietet, hat Buchner[5]) auf das Unhistorische der Kleist'schen Erzählung und auf die Nothwendigkeit einer kritischen Bearbeitung hingewie-

---

[1]) Diplomatische und curieuse Nachlese. II. 528.
[2]) 1827. N. 79—81. Merkwürdig ist dort nur die Anmerkung, daß der ungenannte Verfasser den Brief Kohlhasens an Luther besessen haben will, in welchem K. geschrieben: Die Sachsen hätten vermeint, daß der Hase nur im Kohl sitze, nun sollten sie erfahren, daß er im Pfeffer säße.
[3]) Gropius, Beiträge zur Geschichte Berlins. 1840. p. 61.
[4]) 2. Aufl. I. 312—313.
[5]) Anz. f. Kunde der Deutschen Vorzeit. 1860. 437—38.

sen. Denn obwohl es Carl Mücke versucht habe, nach Quellen zu arbeiten, so sei die Arbeit doch lediglich novellistisch gehalten.

Ich bedaure, diese Arbeit nicht erlangt zu haben, wie mir auch Kolatschek's Stimmen der Zeit nicht zugänglich gewesen sind, worin eine Arbeit über Kohlhase sich finden soll.

Zuletzt hat noch Riedel das Verdienst, die Chronik des Peter Haft mit einleitenden Bemerkungen herausgegeben zu haben.[1]

Die Darstellungen, welche sich überdies in den Conversationslexicis von Meyer, Brockhaus und Pierer finden, haben absolut keinen historischen Werth; sie sind ein bloßer Auszug aus Kleist. Ja, Pierer geht sogar so weit, das Geburtsjahr Kohlhasens auf 1521 festzusetzen. Demnach wäre Kohlhase beim Beginn der Verwickelung 11 Jahre alt gewesen und hätte doch dabei Frau und Kinder gehabt.

Von dramatischen Arbeiten, die für uns ohne Wichtigkeit sind, weil sie doch nur auf Kleist fußen, kenne ich die von G. A. v. Maltitz, v. Ising und R. Prölß.

Die literarischen Hülfsmittel dürften daher am sichersten darthun, daß uns endlich eine „historische" Bearbeitung dringend nöthig ist, und fortan der Michael Kohlhase in seiner fabelhaften Gestalt verbannt werde.

Daß es mir vorbehalten blieb, diese Aufgabe zu lösen, ist in der That ein Spiel des Zufalls. Denn den weimarischen Archiven haben alle Zeit Männer vorgestanden, die auf dem historischen Gebiete thätig gewesen sind. Noch vielmehr aber ist es zu bewundern, daß die Acten über Kohlhasens Fehde sich bis heute erhalten haben. War es ja einst mein berühmter Vorgänger Hortleber, der auf Vernichtung der längst „nutzlos gewordenen Malefiz= und peinlichen Händel" antrug und den Wunsch äußerte, daß sie in's Feuer oder in die Ilm geworfen werden möchten!

Man kann sich denken, welche Ueberraschung und Freude mir bereitet war, daß gerade diese Acten der stark decimirten Archivabtheilung jene furchtbaren Stürme überdauert hatten! Vielleicht wäre es sonst auf immer ein frommer Wunsch geblieben, die durch

---

[1] Codex Dipl. Brandenb. IV. 1. 1882.

Kleist angeregte Frage historisch treu abgehandelt zu sehen. Daß die übrigen, namentlich die preußischen Archive nichts mehr enthalten, was Aufklärung hätte bieten können, geht aus den Versicherungen Riedel's und Friedländer's und v. Mülverstädt's hervor, die sich mit gewohntem warmen Interesse meiner Anfragen angenommen haben.

Nicht minder danke ich der freundlichen Unterstützung des Staats-Archivdirectors v. Weber in Dresden Quellennachweise, die mir von großem Nutzen gewesen sind. Auch Staats-Archivsecretär Dr. Strehlke in Berlin lieferte mir einzelne urkundliche Beiträge, die ich alle in dankbarer und gewissenhafter Weise an den betreffenden Stellen angezogen habe.

Die hauptsächlichsten Acten boten sich mir aber doch in dem trefflichen Archive des Sächs. Ernest. Hauses dar, die aus vielen Hunderten von Briefen, Instructionen, Gesandtschaftsberichten und Schöppenurtheilen bestehen. Ich hoffe nicht, daß die Zeit wieder kommt, in der sie zum Tode durch Wasser oder Feuer verdammt werden sollen.

Daß die Acten im hiesigen Archive ruhen, liegt in den Verhältnissen des Ernestinischen Hauses. Der Churkreis Wittenberg mit der Hauptstadt gleichen Namens war meist der Schauplatz der Kohlhasen'schen Fehde, und dem dortigen Landvoigte fiel in vorzüglicherem Maße als den übrigen sächsischen Beamten die Aufgabe zu, das Land zu schützen, die Fehder zu verfolgen und die Untersuchung gegen sie zu leiten. Dort war es also, wo die Acten entstanden.

Erst nach der Katastrophe bei Mühlberg, in der die Ernestiner den Churhut an die Albertiner verloren, kamen diese Acten nach Weimar, indem Johann Friedrich zufolge der Wittenberger Capitulation von dem Rechte Gebrauch machte, die bewegliche Habe aus den abgetretenen Festungen Wittenberg und Torgau nach Weimar abzuführen.

Leider fehlt den Acten die Relation über die eigentliche Untersuchung, welche gegen Kohlhasen in Berlin vorgenommen wurde. Sollte sie in dem noch nicht völlig geordneten Archive auftauchen, so werde ich nicht verfehlen, dieselbe an passendem Orte zu publiciren.

Für jetzt möge das Gebotene genügen. Denn daß sich mit Hülfe des vorhandenen Materials der historische Hans Kohlhase dem ich den Kleist'schen in seinen Grundzügen vorausschicken zu müssen glaubte, klar legen läßt, darüber dürfte kein Zweifel aufkommen.

Die
Grundzüge der Kleist'schen Erzählung.

Um die Mitte des 16. Jahrhunderts lebte an den Ufern der Havel ein begüterter und rechtschaffener Bürger und Roßhändler, Namens Michael Kohlhaas, den einst sein Geschäft mit einer Koppel junger Pferde auf sächsisches Gebiet führte, wo er seltsamer Weise unter der Burg des Junkers von Tronka nach seinem Paß befragt wurde. Da er einen solchen nie bei sich zu tragen pflegte, und ihm die Weiterreise verweigert wurde, gab er dem Ansinnen des junkerlichen Voigtes nach und ließ als Pfand zwei der schönsten Rappen auf der Tronkenburg zurück, um nach Dresden zu eilen und den verlangten Paß zu beschaffen.

Auf der dortigen Geheimschreiberei stellte sich aber die Forderung eines Passes als eine unberechtigte heraus; man ertheilte ihm hierüber eine Bescheinigung, mit der Kohlhaas über den Witz des Junkers lächelnd davon zog und nach mehreren Wochen, nachdem er seine Pferde verkauft, auf die Tronkenburg zurückkehrte.

Wie war er aber erstaunt, als er seinen Knecht, dem die Fürsorge für die beiden Pferde übertragen war, angeblich wegen ungebührlichen Betragens von dannen gejagt, die Pferde selbst abgetrieben und mager wieder fand. Da man ihm keine Rechenschaft gab und seine Forderungen trotzig zurückwies, kehrte er unter Zurücklassung der beiden Gäule der Burg den Rücken, um sich mit Hülfe der Gerichte sein Recht zu verschaffen.

Schon war er zu diesem Behufe auf dem Wege nach Dresden, als er plötzlich nach seinem Meierhofe in Kohlhasenbrück einbog, um in gewissenhafter Weise zunächst den Knecht zu verhören, bevor er die Klage gegen den Junker einreichte. Da sich in vollem Maße herausstellte, daß der Knecht arg mißhandelt war, und daß man ihn nur entfernt hatte, um die Gäule desto freier im Dienste des Junkers verwenden zu können, reichte er seine Klage in Dresden gegen den Junker ein, die aber ohne jeglichen Erfolg blieb, weil der Einfluß der Gegenpartei zu groß und der Roßhändler als unnützer Quärulant angesehen wurde.

Kohlhaas stellte nun die Sache in einer Bittschrift dem eigenen Landesherrn, dem Churfürsten von Brandenburg, vor. Aber auch das fruchtete nichts. Im Gegentheil hatte der eingeschlagene Weg die trübsten Folgen: Kohlhasens Frau, welche die Bitte zu überreichen suchte, starb bald darauf an den Wunden, die ihr die tyrannische churfürstliche Leibwache bei Ueberreichung der Bitte beigebracht hatte.

Er stellte deßhalb an den Junker brieflich die Forderung, binnen drei Tagen die Gäule nach Kohlhasenbrück zu bringen und sie in den Ställen wieder dick zu füttern. Da eine Antwort nicht erfolgte, machte er sich zur Verfolgung des Junkers auf, brannte seine Burg aus, folgte dem Fliehenden über Erlabrun, Wittenberg und Leipzig, und verheerte das Land durch Brand, um die Städte zur Auslieferung des Junkers zu bewegen, und besiegte durch kühne Wendungen sogar den Prinzen Friedrich von Meißen, der ihm bei Mühlberg eine vier Mal größere Streitkraft entgegenstellte.

So standen die Dinge, als plötzlich Dr. Martin Luther eingriff und den Kohlhasen von weiteren Gewaltthaten abzumahnen suchte. Verkappt zog Kohlhaas in Wittenberg bei Dr. Luther ein, der ihm seine Verwendung bei dem Churfürsten zusagte und es zuletzt auch dahin brachte, daß Kohlhaas mit freiem Geleit nach Dresden zog, um seine Klage von Neuem anzubringen.

Alles war im besten Gange für den Kläger, als die arglistigen Anschläge der Gegenpartei ungünstig einwirkten, er in der That die Freiheit nicht genoß, die ihm zugesichert war. Noch ungünstiger wirkten die erneuten feindseligen Unternehmungen eines Kohlhasenschen Knechtes, Georg Nagelschmidt, der als Statthalter Kohlhasens seine Raubzüge fortführte und sich brieflich mit dem Roßhändler in Verbindung setzte, um ihn zunächst der Haft in Dresden zu entledigen. Leider ging Kohlhaas auf diese Anträge ein, und da das Dresdner Gubernium, welches geflissentlich auf eine Kundgebung Kohlhaase's in dieser Richtung hinarbeitete, sich von den erneuten landfriedensbrecherischen Absichten des Roßhändlers überzeugt hatte, machte es ihm den Proceß und verurtheilte ihn zum Tode.

Als brandenburgischer Unterthan wurde jedoch Kohlhaas auf Requisition nach Berlin transportirt, um dort für sein Vergehen bestraft zu werden. Der Zufall aber wollte, daß Kohlhaas auf dem Transporte mit dem Churfürsten von Sachsen zusammenkam, der an ihm ein Amulet mit einer Prophezeihung bemerkte, die einst dem Fürsten in Jüterbock von einer Zigeunerin gemacht worden war. Kohlhaas selbst war ganz zufällig in den Besitz dieses Amulets gekommen, das ihm die Zigeunerin mit der Versicherung überreicht hatte: es werde dereinst sein Leben retten. Vergeblich waren die Anstrengungen des Churfürsten, den Roßhändler zur Herausgabe desselben zu vermögen, wie es denn auch dem sächsischen Fürsten nicht mehr gelang, dem Gange Rechtens Einhalt zu thun, um Zeit zur Erlangung des Geheimnisses zu gewinnen. Kohlhaase's Todesurtheil fand die k. Bestätigung. Während er noch die Genugthuung hatte, daß der Junker im Wege des Processes zum Schadenersatz und der Dickfütterung der Pferde verurtheilt wurde, verschlang er die Weissagung der Zigeunerin auf dem Richtplatze aus Rache gegen den Churfürsten, der sich zur Gewinnung des Geheimnisses dort eingefunden hatte, und unter dem Beile des Henkers endete kurz darauf Kohlhaas zum Jammer des sächsischen Fürsten in Berlin.

Der historische Hans Kohlhase.

Es war am 1. October des Jahres 1532 — die Abendsonne beleuchtete noch mit einem Blicke die friedlich flache Landschaft —, als auf der Wittenberg=Leipziger Straße am Kruge des Dorfes Wellaune ein fremder Reiter erschien, um raschen Zuges einen Krug zu leeren und dann weiter zu eilen. Das schmächtige Hafersäckchen des nebenhertrabenden Rothschimmels, die neue Zäumung des Rappen, dem die Tasche mit dem Faustkolben nicht fehlte, endlich der Reiter selbst, der ohne abzusteigen sich eben anschicken wollte, bei einbrechender Nacht — ein Wagstück für einen ehrlichen Mann damaliger Zeit — seines Weges zu ziehen, das waren Umstände, die nothwendig dringenden Verdacht bei den im Kruge zechenden Bauern erregen mußten. „Woher des Wegs und wo hinaus?" lautete die nicht eben sanften Tones erhobene Frage eines Bauern. „Was geht's Euch an," war die trotzige Antwort, „ich sehe nicht dafür an, daß mir die Straße befohlen ist." — „Es ist unsers Herrn Günthers von Zaschwitz Befehl," versetzte ein Bauer, „anzuhalten, wer uns verdächtig; sagt Euern Namen und woher Euch diese Pferde, wer Ihr seid, bleibt Ihr demnächst immer." Ein Wort gab das andere, als plötzlich der Fremde der Dieberei beschuldigt sich vom Rappen mit Behändigkeit herabschwang, mit kräftiger Faust das Gesicht des Bauern bearbeitete, und sein gezücktes Messer schwere Verwickelung andeutete. Der Uebermacht weichend suchte er das Weite. Die zurückgebliebenen Gäule wurden im Triumph in den Stall des anwesenden Richters gebracht und froh des glücklichen Fanges der vermeintlich gestohlenen Pferde zechten die dienstbaren Geister des Junkers Günther von Zaschwitz weiter.

Kein anderer war es als Hans Kohlhase, der es vorgezogen hatte, der schwersten Verwickelung durch die Flucht sich zu entziehen.

Er war ein nicht unbegüterter Kaufmann zu Cölln an der Spree, dem ältesten Theile Berlins ansässig; ein guter Ruf stand ihm zur Seite, selbst seinem Churfürsten von Brandenburg war er als wackrer Bürger bekannt. Für seine Zeit konnte man den Kohlhasen unter die Gebildeteren rechnen. Er war ein klarer Kopf, der, wie seine noch vorhandenen Briefe beweisen, seine Gedanken trefflich zu entwickeln verstand. Ihm gebrach es ebenso wenig an einer Gewandtheit der Rede, wie an einer, wenn auch nicht gerade feinen Kenntniß des Lateinischen, das auch er im Zuge der Zeit, so gut es glückte, zu verstehen und zu sprechen bemüht war. Wer vermag zu sagen, welche Zufälligkeiten des Lebens ihn zum Kaufmannsstande bestimmt hatten.

Mißmuthig — es läßt sich denken — zog Kohlhase die Straße nach Leipzig weiter, um der dortigen Michaelismesse beizuwohnen. Seine Waaren — Honig, Speck und Heringe — hatte er mit sicherem Geleite über Dommatzsch und Eilenburg vorausgehen lassen, und er selbst war des Wegs allein gezogen, um bei seinen Schuldnern vorzusprechen und mit gefülltem Säckel zur gehörigen Zeit zur Messe einzutreffen.

Kohlhasens Geschäfte gingen in Leipzig nicht besonders. Viel mochte sein Unmuth dazu beitragen und nicht weniger seine Ansicht, daß durch jene Verwickelung er zu spät[1]) in Leipzig angekommen sei, um günstige Resultate erzielen zu können. Kurz, er schlug mit Verlust los und wandte Leipzig bald darauf den Rücken, um gelegentlich auf dem Rückwege in Wellaune wieder vorzusprechen.

Zu diesem Zwecke trug er ein Empfehlungsschreiben[2]) des Hans

---

[1]) Die Verhandlung zu Jüterbock ergab, daß seine Ankunft in Leipzig am 2. October früh 10 Uhr erfolgte, also nur wenige Stunden später, als es sonst möglich gewesen war.

[2]) dat. vom 11. October 1532.

Blumentrost zu Leipzig bei sich, das ihn im Stile der Zeit als einen „frommen, ehrlichen Kaufmann von gutem Wandel und Gerücht" pries und zugleich die Bitte an den sächsischen Landvoigt enthielt, dem gekränkten, mit Stock und Banden bedrohten Kohlhasen Recht zu verschaffen.

Etwa 10 Tage nach jenem Zerwürfnisse traf Kohlhase in Wellaune wieder ein. Der Junker Günther v. Zaschwitz verwies den Kläger an seinen Richter, der der Ausantwortung der Pferde kein Hinderniß entgegenstellte, falls Kohlhase das Futtergeld im Betrage von 5—6 Groschen erstatten würde. Diese Forderung erschien zu ungerecht, als daß Kohlhase hätte darauf eingehen können. Fluchend über das Unrecht eilte er von dannen und zog mit Zurücklassung seiner Pferde seiner Heimath zu.

Die ungünstigen Geschäfte in Leipzig hatten zunächst zur Folge, daß Kohlhase seinen Verbindlichkeiten nicht nachkommen konnte. Sein Credit hatte sich in äußerst bedenklicher Weise gemindert, die Gläubiger stürmten auf ihn ein, und die Vorfälle in Wellaune mochten bereits das Ihre dazu beitragen, daß man seine Verhältnisse mit immer größerem Mißtrauen ansah. Kurz, Kohlhase sah sich genöthigt, Haus und Hof, Aecker und Wiesen pfandweise an seine Gläubiger abzutreten.

Wie hätte es anders sein können, als daß sich sein Haß auf Günther von Zaschwitz warf, den er als Urheber seines Unglücks ansah. Andere hätten in ihrem falschen Rechtsbewußtsein anders gehandelt, sie hätten sofort darein geschlagen. Es war ja die Zeit, in der man trotz Gerichts-, Landes- und Reichssatzungen sein Recht mit Gewalt zu verfolgen bemüht war. Aber Kohlhase versuchte zunächst die friedlichen Wege; er nahm die Hülfe seines Landesherrn in Anspruch und das zeugte für seinen ruhigen, gesetzmäßigen Sinn, der nicht Allen seiner Zeit und seines Gleichen eigen war.

Unter Vermittelung des Churfürsten von Brandenburg wurde von Sachsen ein Rechtstag nach Düben ausgeschrieben. Dort kam es am 13. Mai 1533 zur Verhandlung. Kohlhase und sein Rechtsbeistand forderten neben Zurücknahme der Beschuldigung, daß die Pferde gestohlen seien, Erstattung des doppelten Werthes derselben und 150 Gulden für den durch verspätetes Erscheinen in Leipzig erlittenen Schaden, während Zaschwitz auf Erlegung des halbjährigen Futtergeldes im Betrage von 12 Gulden bestand und die Forderungen seines Gegners als ungerechte zurückwies.

Wehmüthig sah Kohlhase seine Gäule vor sich stehen, die abgetrieben[1]) und mager, das Bild des Jammers darstellten. Und obwohl er nicht gemeint gewesen war, sie wieder anzunehmen, gab er doch den Vorstellungen des Landvoigts nach und nahm sie für die Taxe von 12 Gulden unter dem Vorbehalte zurück, daß er in Gemäßheit des richterlichen Spruchs seine weiteren Ansprüche demnächst im Amte Bitterfeld geltend machen wolle, während Kohlhasens Freund, Namens Lamperswalde, sich verpflichtete, binnen Monatsfrist das geforderte Futtergeld an den Richter des Junkers zu entrichten.

Aber kaum hatte der nächste Tag sich geneigt, da starb der Rothschimmel unter Kohlhasens Händen.

Nun ruhte die Sache. —

Erst am 25. Juli regte Kohlhase, der auf Märkten seinen Geschäften nachging, die Rechtsfrage von Neuem an. Mit seltener Mäßigung stellte er dem sächsischen Churfürsten sein erlittenes Unrecht dar. In Folge davon mußten sich der Landvoigt und Hieronimus Schurf, als Beauftragte, Rechtstage anzuberaumen. Aber vergebens. Der Junker gab allerlei Hinderungsgründe für den Besuch des Tages an, er legte allen Nachdruck darauf, daß zunächst das Futtergeld zu bezahlen sei, während er selbst zu keinerlei Entschädigung sich verstand und Kohlhasens erneuten Gesuchen nur die Motive neuer und gehässiger Verwickelung unterbreitete.

Der Landvoigt ließ kein Mittel unversucht, den Junker zum Aufgeben seines Standpunktes zu vermögen. In jeder Beziehung wies er Kohlhasens Recht nach, den er selbst dahin vermocht hatte, seine Entschädigungsforderung bis auf **vier** Gulden zu verringern;

---

[1]) Zugestandener Maßen waren sie im Dienste des Richters verwendet worden, obwohl aus Zaschwitz' Darstellung auch hervorging, daß der Richter sie neben seinen übrigen Pferden bei dem „theueren Winterfutter" schwer habe nähren können.

er beschwor ihn, als der Verständige in die Sache zu sehen, um weiteren und schwereren Verwickelungen zu begegnen. Aber unbeugsam zeigte sich der Sinn Zaschwitzens. Das Jahr 1533 eilte seinem Ende zu, die Dinge standen auf dem alten Flecke.

Nur um so fester wurde Kohlhase in seinem Entschlusse, unabläßig seinen Forderungen Nachdruck zu geben.

Am 15. Februar 1534 erschien er nochmals bei dem Wittenberger Landvoigte, der ihm leider die Mittheilung machen mußte, daß der Junker auch auf die erneuten Vorschläge nicht eingegangen sei.[1]) Der Landvoigt rieth dem Kohlhasen[2]), mit erneuten Vorstellungen beim sächsischen Churfürsten einzukommen, während er jeden weiteren Schritt unterließ, den Junker auf dem Wege Rechtens zum Nachgeben zu vermögen; das war Alles, was in dieser Angelegenheit gethan worden war.

Wuthentbrannt eilte Kohlhase von Wittenberg hinweg, und wenige Tage nachher erschien sein berühmter Fehdebrief, in welchem er sein erlittenes Unrecht darstellte und dem ganzen Sachsenlande absagte, indem er mit den Worten schloß: „Weil ich nun nichts mehr als meinen Leib und mein Leben vorzusetzen habe, so will sich gebühren, daß ich meine Ehre und meinen Glimpf, wie das einem Ehrliebenden zusteht, zur Nothdurft vertheidige; ich will aller Welt List und Behändigkeit gebrauchen, will sein Gottes und aller Welt Freund, allein Günther von Zaschwitz und dem ganzen Land zu Sachsen abgesagter Feind, wo ich sie bekomme, an Händen und Füßen lähmen, auch rauben und brennen, sie hinwegführen und schatzen, bis mir Günther von Zaschwitz Abtrag thut, und meinen Schaden, so ich allenthalben darüber genommen, zur Billigkeit erstattet.

Mit dem Humor, der ihm eigen, datirte Kohlhase diesen Brief vom Tage „Schlag zu".

Kohlhasens Entschluß, mit den Waffen in der Hand sein Recht zu erzwingen, durfte keineswegs befremden. Die Rechtszustände un-

---

[1]) Noch im letzten Hofgericht zu Altenburg hatte Zaschwitz jedes derartige Ansinnen abgeschlagen.
[2]) Kohlhase soll sich auch dazu bereit gezeigt haben.

seres Vaterlandes waren damals keineswegs so geordnet, daß der friedliche Austrag eines Gerichtes für die Parteien genügte, und die Unsitte der Selbsthülfe war trotz der strengeren Gesetze nicht zu beseitigen, und dem brandenburgischen Gesetz zum Hohn, welches zunächst auf Kohlhasen Anwendung finden mußte, kündigte er seine Fehde an. — Es kam darauf an, wie man in der Mark seinem Unternehmen sich gegenüberstellte, ob die Macht und vor Allem der gute Wille vorhanden war, den Fehder dem Gesetze gemäß vom brandenburgischen Gebiete zu entfernen und das sächsische Nachbarland von den Bedrängnissen zu befreien.

―――――

Die Absage Kohlhasens, die sich mit rapider Schnelligkeit verbreitete, setzte das angrenzende Sachsenland in die größte Aufregung. Aus Baruth, wo Kohlhase am 12. März seinen Fehdebrief eingeworfen, verbreitete sich die Kunde nach Wittenberg. Bald kam auch der Fehdebrief an den Landvoigt selbst. Nach allen Seiten entsandte dieser seine Boten; er mochte erfahren haben, daß es dem Kohlhasen furchtbarer Ernst war, „aus seinen Klöppern, wie er ihm selbst geschrieben, Pferde machen zu wollen;" man durfte sich überzeugt halten, daß Kohlhasens Drohung, den Junker mit „Feuerkohlen" zu suchen und ihn mit samt seinem Schloß zu verbrennen, in der Kürze zur vollen That werden würde. — Nur wenige Ungläubige, wie Hans v. Pack, gab es in jener Gegend, die den Namen Kohlhase für erdichtet und die angesagte Fehde für gefahrlos hielten. Alles war wach in den Städten des Sachsenlandes, die hohen Warten waren mit ihren Spähern besetzt, jeder ankommende Troß wurde beobachtet, die Wachen verstärkt, und die Thore der Stadt sorgfältiger bewacht und fester geschlossen als je. — Hals über Kopf eilte der Bote von Wittenberg nach Berlin, um dem Brandenburger Churfürsten die Nachricht von dem Unternehmen des Kohlhasen zu überbringen. Man gab sich gern der Hoffnung hin, daß Joachim Alles aufbieten werde, den Kohlhase zu fangen, zumal der Landvoigt zu versichern sich bemühte, daß sein Churfürst die Forderung des Fehders am Hofgericht habe hören wollen und daß die Sache nur „ins Vergessen kommen" sei.

Fünf volle Tage harrte der Bote in Berlin. Und als endlich die Antwort kam, war der Churfürst hinter den Erwartungen Sachsens weit zurückgeblieben. Es ließ sich nicht verkennen, daß die Häuser sich fremd gegenüber standen, daß der Mißton zwischen dem katholischen und protestantischen Princip noch nicht verhallt und Brandenburg noch der Unbilden sich bewußt war, die es einst vom sächsischen Gebiet aus durch den genialen Raubritter Nickel von Minckwitz[1]) jahrelang in Geduld ertragen hatte.

An All' das erinnerte jetzt der Brandenburger mit einem gewissen Gefühl der Schadenfreude. Zunächst schob er seine Ohnmacht vor, gegen Kohlhasen, der längst sein Bürgerrecht aufgegeben, nichts beginnen zu können; er läugnete geradezu die Verpflichtung ab, laut Erbeinigungsvertrag Hülfe schuldig zu sein, da derselbe seit Johann des Beständigen Tode nicht beschworen sei; und was das Aergste von Allem war, er stellte sich dem Fehder kühn zur Seite, von dem er wohl behaupten konnte, „es ist fast also, wie der Kohlhase schreibt, daß er durch sächsische Justiz um seinen Glauben und in's Verderben gekommen ist."

Und in Mitten dieser Rathlosigkeit Sachsens, dem so wenig, wie anderen Territorien Hülfsmittel zur Abwehr solcher Unbilden zur Seite standen, schien Kohlhase seine Drohungen auszuführen. Am 9. April 1534 brannte die Stadt Wittenberg in kurzen Zwischenräumen an 2 Enden; in der Nacht darauf erleuchtete der Feuerschein vom Dorfe Schützberg her die aufgeregten Straßen der Stadt, und am 10. April brannte Wittenberg an einer dritten Stelle. Kein Anderer natürlich war die Veranlassung als Hans Kohlhase, dessen Schwager zufälligerweise in Wittenberg mit unschuldigen Gesellen anwesend und ohne Arg seine Verwandtschaft mit dem grimmigen Fehder zu erkennen gegeben. Fuhrleute, die in Wittenberg einkamen, brachten die Kunde, daß Kohlhase sich ihnen vor den Thoren gezeigt

---

[1]) Nickel v. Minckwitz, dessen Biographie von Dr. Kappe zu erwarten steht, hatte 1528 Fürstenwalde geplündert.

und ihnen mitgetheilt habe, daß er einige seiner Leute in die Stadt gelegt, die ihr wohl so viel zu schaffen gäben, daß sie dabei seiner bald vergessen würden.

Die Untersuchung gegen die armen Gesellen ergab keine gravirende Momente. Nur eins war das Resultat: daß die Wittenberger auf Anrathen des Churfürsten, einer der wenigen, die Kohlhasen für unschuldig hielten, ihre abgebrannten Scheuern aus der Stadt verlegten.

Unabläßig mahnte der sächsische Landvoigt in Berlin, vergebens suchte der Junker seine Unschuld an der Fehde darzulegen[1]), Churfürst Joachim weigerte sich entschieden, den Kohlhasen unschädlich zu machen. Er versicherte, daß der Kohlhase in seinem Lande nicht unterstützt werde, daß dieser weder Schirm noch Geleit habe. Richte er dennoch was aus, so thue er's auf seinen Abendtheuer.

Mochten die Sachsen zusehen, wie sie seiner habhaft werden konnten; die Chur Brandenburg befand sich nicht in der Lage, zum friedlichen Austrag der Sache beizutragen.

So standen die Dinge, als es dem Eustachius von Schlieben, einem auf der Grenze gesessenen Edelen gelang, eine Annäherung der Parteien zu erzielen. Nach langem Suchen hatte er den Kohlhasen, der begreiflich bald hier, bald dort sich aufhielt, um den sächsischen Nachstellungen zu entgehen, ausfindig gemacht und ihn zum friedlichen Austrag zu bestimmen gewußt. Kohlhase willigte sogleich in den Vorschlag ein, mit sächsischem Geleit zur Verhandlung sich zu stellen, und sächsische Beamte bemühten sich, auch den Churfürsten von Sachsen für den friedlichen Weg zu gewinnen. Allein nicht so geneigt zeigte sich dieser.

Starren Sinnes, wie er war, konnte er nicht gemeint sein, einem Landfriedensbrecher gegen die Landesordnung sicheres Geleit zu gewähren. Im Gegentheil, ihm wäre bei weitem mehr daran gelegen gewesen, durch seine Kundschafter des Kohlhasen habhaft zu werden; wenn nur diese selbst die gewünschten Garantien boten und die Kundschafter selbst aus zuverläßigern Leuten, als aus gewerbe-

---

[1]) Gedrucktes Placat d. d. Schnaditz. Freitag nach Jubilate.

losem Gesindel, aus entlaufenen Mönchen und alten Weibern bestanden hätten.

Bis in den October hin mühten sich die Vermittelnden ab, als endlich der sächsische Churfürst dem Kohlhasen sicheres Geleit unter der Bedingung zusagte, daß er von jeder Feindseligkeit abstehen und eidlich erhärten wolle, an dem wiederholten Unglück Wittenbergs keinen Antheil gehabt zu haben. Und da dies Kohlhase zu erfüllen versprach, und er überdies von Treuenbrießen als dem Ort der Verhandlung absah, wurde den beiderseitigen Parteien das Städtchen Jüterbock zur Zusammenkunft bestimmt und der 6. December zur Unterhandlung angesetzt.

Erwartungsvoll wogten dichtgedrängte Massen in den Gassen des kleinen Städtchens, das seit Tetzel's Auftreten ein ähnliches Schauspiel nicht erlebt hatte. In großen Zügen ritten die Richter und Rechtsbeistände ein, die Familie von Zaschwitz mit ihren Lehnserben und Bauern, die am Handel in Wellaune sich betheiligt hatten, und endlich Kohlhase selbst mit seiner großen Verwandtschaft, bewundert und viel gescholten, ritten ihrer Herberge, von dichten Massen umgeben, zu. Nur einer fehlte: Günther von Zaschwitz. Des Lebens müde, hatte er im Anfange November sein sorgenvolles Haupt zur Ruhe gelegt.

Am nächsten Morgen begannen unter Andrang unzähliger Massen die Verhandlungen auf dem Rathhause.

Wie hätte der Landvoigt Hans Metzsch[1] eine Lobrede auf die glänzenden Rechtszustände Sachsens verabsäumen sollen! Er glaubte ganz vorzüglich betonen zu müssen, daß die treffliche Organisation der Gerichte im Stande sei, jedem sein Recht zu gewähren und alle Gewalt, wie sie leider nur zu häufig zu Tage trete, fernzuhalten. Ihn betrübte, daß auch Kohlhase zu denen zähle, welche gegen alle Landesordnungen eine muthwillige Fehde begonnen; er rühmte seines Fürsten besondere Gnade, daß er dem Fehder Geleit gegeben, und daß ihm Recht werden solle, wenn er sich, wie versprochen, zunächst von

---

[1] Ihm assistirten als sächsische Richter Daniel v. Feilitzsch, Friedrich Brand von Arnsbaug und Mathes Loser.

dem Verdacht der Urheberschaft des Brandes in Wittenberg durch den Eid reinigen wolle.

Und da Kohlhase diesen Eid mit gutem Gewissen leisten zu wollen versprach, trat er festen Schrittes vor die Schranken und sprach mit vernehmlicher Stimme und erhobener Rechten:

„Ich Hans Kohlhase schwöre zu Gott und dem heiligen Evangelio, daß ich der angelegten Feuer, so sich dieses Jahr zu Wittenberg ereignet haben, keine Schuld, die nicht angelegt noch anlegen lassen, viel weniger das zu thun befohlen, als mir Gott helfe durch Jesum Christum, Amen."[1]

Todtenstille lag über der Versammlung. Mit einem Male sollte schweres Unrecht, Mord, Name und Brand von Kohlhasens Schultern genommen sein. Wie viele gab es, die zu diesem Eide bedenklich den Kopf schüttelten.

Aber Kohlhase hatte erfüllt, was gefordert war, er war berechtigt, seine Klage geltend zu machen.

Sein Anwalt Magister Johann Gentzke hielt die Klage gegen den Junker von Zaschwitz aufrecht und trug auf Ersatz des zugefügten Schadens an, während der Rechtsbeistand des Gegners, Dr. Scheffel aus Leipzig, alle Schuld der Verwickelung dem starrköpfigen Kohlhasen beimaß und beantragte, daß nach Absterben des Beklagten die Ansprüche als völlig erloschen zu betrachten wären.

Dem stimmten die Richter nicht bei. Man wählte zum Austrag der Sache einen Ausschuß[2] aus beiden Parteien, um eine gütliche Verständigung zu erzielen. Vergebens suchte der Landvoigt den Kohlhasen zu überreden, daß er seine Klage bei den sächsischen Gerichten einbringen möge, vergebens erbot er sich, daß die Rechtsbeistände auf öffentliche Kosten unterhalten und Alles bis zur Eröffnung des Urtheils vertagt werden sollte. Kohlhase hielt fest an der

---

[1] Leuthinger, der ihn der Urheberschaft des Brandes anschuldigt, weiß von diesem Acte nichts. Ausg. von Küster p. 110.

[2] Auf Kohlhasens Seite standen: Dr. Lorenz Schreck aus Frankfurt, Johann Kohlhase, Nicolaus Gentzke und Peter Kalbaun aus Berlin. Auf des Gegners Seite: Dr. Benedict Pauli als Vormund der v. Zaschwitz'schen Kinder, Wolf v. Saalhausen, Hans Pack und Nickel v. Ende.

Zusage, daß die Sache sofort vertragen werden sollte. Er bestand darauf, daß er an seiner Ehre angegriffen und verarmt sei. „Ich habe nichts," sagte er, „als meinen Leib und mein Leben übrig, das will ich daran setzen." Und dem schloß sich sein Anwalt an, welcher eine Abfindung mit Geld beantragte und die Versammlung verließ.

Die Gegner mochten fühlen, was sie von der künftigen Haltung des Kohlhasen sich zu versprechen hatten, die Furcht vor der beginnenden Fehde übermannte sie; sie erboten sich zur Abfindung 300 Fl. geben zu wollen.

Am nächsten Tage erschienen die Parteien nochmals auf dem Rathhause. Kohlhase forderte die für jene Zeit enorme Summe von 1200 Fl. Man verhandelte und schloß mit 600 Fl. ab. Die sächsischen Richter setzten einen Vertrag auf, in welchem Kohlhase die Einstellung der Fehde feierlich gelobte, während die Gegner versprachen, die Summe bis Neujahr in Jüterbock[1] zu hinterlegen und die Bauern aus Wellaune die ehrenrührigen Worte feierlich zurücknahmen.

Aber kaum waren die Parteien friedlich auseinander gegangen, als die Wittwe Sophia v. Zaschwitz bei dem sächsischen Churfürsten mit der Klage einkam, daß ihr eine so hohe Abfindungssumme auferlegt worden sei.[2] Dabei sprach sie überhaupt nicht von der wirklichen Höhe jener Summe, sondern beschwerte sich sogar, 300 Fl. abtragen zu sollen, während sie doch höchstens 200 Gulden bewilligt, alles Uebrige gegen ihre Zustimmung von dem Vormund ihrer Kinder gewährt sei. Und fünf Tage nach Schluß der Verhandlung wandte sich auch der Anwalt der Zaschwitz'schen Kinder, Dr. Benedict Pauli, welcher den Vertrag abgeschlossen, mit der Bitte an den

---

[1] In Benedict Heinsdorf's Hause. Uebrigens stellte sich heraus, daß viele Ortschaften Sachsens, worunter Brück, Wittenberg, Niemeck und Zahna den Landvoigt bestürmt hatten, die Sache ja nicht unvertragen zu lassen.

[2] Daß die sächsischen Räthe nicht unter dem Vorbehalt der landesherrlichen Genehmigung den Vertrag abgeschlossen hatten, geht aus einem Schreiben des Amtmanns v. Mühlberg hervor, der als Abgeordneter Herzog Georg's in Jüterbock anwesend war und die Sache mit jenem Vertrage als erledigt ansah.

Churfürsten, daß die armen Waisen mit der Bezahlung des dritten Hunderts verschont werden möchten. —

Diese Briefe und die Relation der Räthe über das Abkommen des Tages trafen fast zu gleicher Zeit bei dem Churfürsten ein. „Wir hätten uns nicht versehen," schrieb er ihnen, „daß Ihr Räthe gegen Eure Instruction uns in einen solchen Schimpf und Spott bei den leichtfertigen Leuten gesetzt hättet. Wir befehlen Euch, ohne Verzug dem Kohlhasen zu erkennen zu geben, daß das, was Ihr gehandelt, gegen unsern Befehl geschehen ist."[1]) Und zugleich gebot er den Zaschwitz'schen Kindern, von jeder derartigen Abfindung abzusehen.[2])

Es gehörte in der That ein weites Gewissen dazu, gegen die ausdrückliche Instruction des Churfürsten auf eine Abfindung der Art sich einzulassen. Sie kannten ihren Landesherrn schlecht, wenn sie auf eine Bestätigung ihres Vertrags hofften, von ihm, dem Alles daran lag, daß mit unerbittlicher Strenge die Autorität der Gerichte aufrecht erhalten und Alles fern gehalten werde, was den ohnehin unsichern Rechtsverhältnissen empfindliche Schläge beibringen konnte.

Wenn der Churfürst principiell gegen eine derartige Abfindung war, so hatte es seinen Grund in der tiefwurzelnden Ansicht, daß es leichtfertigen Leuten nur zum Beispiel dienen würde, aus den Fehden einen Gelderwerb zu machen. Und in dem vorliegenden Falle schien mehr als ein Moment für diese Absicht zu sprechen; denn es bleibt eine merkwürdige Inconsequenz, daß Kohlhasens Forderungen zwischen vier Gulden und 1200 Fl. variirten.

Aber auf der andern Seite war zu bedauern, daß Kohlhase mit Gewalt von dem Boden des Rechts hinweggeschleudert wurde; und es gehörte die ganze Rauhheit jener Zeit dazu, daß den Räthen die Scham nicht ihre Wangen röthete, dem Kohlhase schreiben zu müssen, gegen den Willen ihres Churfürsten den Vertrag abgeschlossen zu haben. Nichts charakterisirt ihr Wesen mehr, als ihr serviles Ent-

---

[1]) d. d. Weimar Dienstag nach Luciä 1534.
[2]) Gleichzeitig desavouirte auch Joh. Friedrich den Vertrag in Briefen an Herzog Georg, die ich der Güte des Archivdirectors v. Weber in Dresden verdanke. Georg wies in Folge dessen auch die Beschwerde Kohlhasens zurück; K. möge sein Recht bei dem Churfürsten suchen, der den Vertrag nicht billige.

schuldigungsschreiben, in welchem sie bekennen, als Arme vom Adel wohl zu wissen, mit waß Unterthänigkeit sie seiner Churfürstl. Gnaden gewandt, wie es ihnen gebüre, Leib und Gut zur Verhütung des Spottes und Schimpfes seiner Gnaden darzusetzen mit der unterthänigsten Bitte, all ihre Handlung ihrem Unverstande beimessen zu wollen.

Furchtbar war der Eindruck, den Kohlhasens Antwort auf den Boten machte, als dieser am 26. December in Berlin den Brief überreicht hatte. „Sagt Eurem Landvoigt," sprach Kohlhase kaltblütig, „Ich habe die Meinung wohl vernommen."

Was das bedeutete, zeigten die erneuten Anstrengungen, die man in Wittenberg gegen den Kohlhasen machte. Sofort organisirte der Landvoigt streifende Rotten; jedem, der ihn einbringe, versprach er die damals enorme Summe von 100 Thalern. Weit über die Grenzen des Landes hinaus, selbst in Posen und Meseritz, wurden im Geheimen Leute zum Aufbringen geworben. Sachsen verließ damit thatsächlich den Boden des Rechts, auf welchem Kohlhase stand und den er noch für lange Zeit behauptete.

Wohl tauchten Gerüchte von allerhand begangenen Frevelthaten des Kohlhasen auf, wie er in der Mark und bei Frankfurt gehaust, polnische Studenten niedergelegt, hie und dort die Flammen emporgelodert, aber der Landvoigt selbst war nicht sicher, ob all diese Frevel diesem Fehder zuzuschreiben seien. „Gründliches kann man nicht erfahren," bemerkte er seinem Churfürsten, „solche und dergleichen leichtfertige Reden sind zu Wittenberg leider gewöhnlicher, als gut Bier."

Und in eben der Zeit versuchte Kohlhase noch eines: den mächtigsten Mann im Churfürstenthum, unsern Luther, rief er um Hülfe an; sein Rath sollte ihm maßgebend sein. — Er war es, der den tief Verletzten noch aufrecht erhielt, der ihn mit der Kraft seines Wortes von jeder Gewaltthat fern hielt. „Nehmt Friede an," schrieb er dem Kohlhasen, „wo er Euch werden kann, „leidet lieber an Gut und Ehre Schaden, denn daß ihr Euch weiter sollt begeben in solch Fürnehmen. So euch dienen werden zur Fehde, die sind doch nicht fromm, meinen's mit keinen Treuen und suchen ihren Nutz. Zuletzt werden sie euch selbst verrathen, so habt ihr denn wohl gefischt. Malet ihr ja nicht den Teufel über die Thür, bittet ihn nicht zu Gevattern; er kommt dennoch wohl, denn solche Gesellen sind des Teufels Gesinde, nehmen auch gemeiniglich ihr Ende nach ihren Werken. Euch ist zu bedenken, wie schwerlich euer Gewissen ertragen will, so ihr wissentlich sollet so viele Leute verderben, da ihr kein Recht habet. Setzet euch zufrieden, Gott zu Ehren, und lasset euch Euren Schaden von Gott zugefüget sein und verbeißets um seinetwillen, so werdet ihr sehen, er wird wiederum euch segnen und eure Arbeit reichlich belohnen, daß euch lieb sei eure Geduld, so ihr getragen habt." [1]

Lange wirkte die treffliche Mahnung nach, die kurze Zeit nach der Jüterboder Handlung bei Kohlhasen eintraf. [2] Ruhig ging er seinen Geschäften nach, während zahlreiche Gesellen auf ihn fahndeten. Ein Kundschafter — der Wittenberger Bürgermeister selbst — sah ihn eines Tags auf offener Straße in Berlin sein Wäglein schmieren; aber noch ehe er Hülfe herbeiholte, war Kohlhase längst zum Thor hinausgefahren. Wohl wahr, daß hie und da Drohungen fielen, und die Unbilden der Zeit, in der es mehr als einen Kohlhasen gab, wenn wir seinen Namen in der üblichen Deutung gelten lassen wollen, nur ihm zur Last gelegt wurden; in Wahrheit hatte er zur Zeit noch nichts Thätliches vorgenommen.

Erst am 14. März 1535 begann er vom rechten Weg abzulenken. Nahe bei Jüterbock war er mit drei unheimlichen Gestalten auf einem Rollwäglein erschienen. Fast zwei Tage hindurch ängstigte er zufällig dort anwesende Wittenberger Bürger. Keiner von ihnen durfte ohne Bewilligung die Stube verlassen, er schoß seine Feuerpfeile in den Tisch, er drohte ihnen die Hände abhauen zu wollen, Katzen mit Pech und Pulver zu polstern, um die Lochauer Haide anzustecken und das Wild in die Mark zu jagen; aber dann lenkte er

---

[1] Vgl. De Wette, Dr. M. Luther's Briefe. IV. p. 569. Daß der Brief wirklich an Kohlhase gerichtet, darüber werde ich die Nachweise in meinem nächstdem erscheinenden „Briefwechsel Luther's" beibringen.

[2] Denn sie datirte vom 8. Dec. 1534.

plötzlich ein, er zechte mit den Geängstigten und entließ sie mit einer von ihm beschriebenen Spielkarte, auf der er dem Wittenberger Bürgermeister seinen eben nicht freundlichen Gruß entbot.[1]

Die Chur Sachsen war auf das Entsetzlichste geängstigt, und es bezeichnet die ganze Ohnmacht ihrer Stellung, daß Friedrich seinem Landvoigt schrieb, er möge nach Einem trachten, der den Brandenburger Markgrafen von Sachsen aus befehde, man werde dem Fehder nichts anhaben. Zur Ehre Johann Friedrichs sei's gesagt, daß er den Passus wieder durchstrich; aber zur Charakteristik der Verhältnisse sei es erwähnt, daß es um die Gesinnung deutscher Fürsten doch gar trübselig bestellt war.

Vergebens waren die erneuten Vorstellungen in Berlin, daß Kohlhase des Landfriedensbruchs sich schuldig gemacht habe. „Wir können's nicht glauben," schrieb Joachim von Brandenburg, „daß Kohlhase zu Berlin gesehen worden ist, ebenso gut, wie sich Euer Liebden sicherlich geirrt haben, daß er vor einem Jahr zu Bernau sich aufgehalten." Sachsen befand sich in der trostlosesten Lage; es erntete hier, was es in der Minckwitzischen Fehde gesäet hatte.

Fast 17 Monate waren seit dem Jüterbocker Rechtstage ohne jegliche Resultate für beide Parteien dahingegangen. Eine eigentliche Fehde hatte Kohlhase nicht wieder angesagt und geführt, während Sachsen sich abmühte ihn einzufangen und unschädlich zu machen.

Irren wir nicht, so wäre bei des Kohlhasen Naturell die Sache bald in Vergessenheit gekommen. Er bewahrte trotz einiger Drohungen seinen ruhigen gesetzmäßigen Sinn, bei ihm — wir schätzen ihn als einen hohen Dreißiger — verdrängte die geschäftliche Thätigkeit jede Lust an einem raufsüchtigen Wesen, welches namentlich — um von dem Adel jener Zeit nicht zu reden — dem Mittelstande eigen war. Das Unglück für ihn war eine zahlreiche Verwandtschaft, die seine Anschauungen nicht theilte, deren Einflüsterungen er sich nicht erwehren konnte. Schon der Jüterbocker Rechtstag zeigte, daß er trotz seiner besseren Bildung von den unteren

---

[1] Die von ihm beschriebene deutsche Spielkarte — eine grüne Zehn — bewahrt noch heute das S. Ernst. Gesammt-Archiv.

Klassen der Bevölkerung sich nicht völlig losgemacht hatte. Markgräfliches Hofgesinde, Schneider, Schmiede und Wirthe neben zweifelhaften Gestalten, die das Protokoll dem Namen nach ihrer untergeordneten Bedeutung wegen aufzuführen für unnöthig erachtete, waren dort mit ihm erschienen, und die Art und Weise, wie er später das verworfenste Gesindel auf offener Straße in Berlin warb, geben wiederholt Belege für die Richtigkeit der ausgesprochenen Ansicht. Er war eben ein Mann, aufgewachsen mit guten und bösen Elementen jener damals kleinen Spreestadt; Alle kannten ihn und er brauchte sie, wenn er ihrer bedurfte. Und gerade diese Verwandtschaft mit Ausnahme seines Vetters — des Pfaffen Hans Kohlhase zu Münchberg — verleitete ihn zum Unrecht, und das Betrübendste war, daß sein Vater selbst ihn zur erneuten Fehde bewog, indem dieser ihm im Kruge zu Tempelhagen dem eigenen Geständniß zufolge die Worte zurief: „Wenn's mich anginge, so sollte den Edelmann das stete Uebel bestehen."

Und so begann er seine Fehde. Am 26. Mai 1535 fiel er nächtlicher Weile mit 8 Mann in die Mühle zu Gommig ein. Nachdem er den Müller geschlagen, mit dem Spieße hart verwundet und das Werthvollste erbeutet hatte, legte er die Mühle in Asche. Drei große Dörfer in der Nähe entboten nicht einen Mann zur Hülfe, und der sächsische Edle Friedrich Braud entschuldigte seine Thatenlosigkeit mit dem Glauben, daß es ja auf märkischem Gebiete, nicht in Sachsen gebrannt habe.

Kohlhase aber eilte durch die finstere regnerische Nacht mit seinen Gesellen bis in die Gegend von Freienwalde; dort hat er redlich die Beute getheilt.

Panischer Schrecken ergriff die Gemüther, als sich die Kunde von dieser That verbreitete. Auch sonst, als Kohlhase still in der Mark sich aufhielt, hatte er die sächsische Justiz lahm gelegt. Ein Rechtsgelehrter, der jener Zeit nach Pommern abgeordnet wurde, um eine Verbindung Kohlhasens mit einem dort eingefangenen Fehder zu constatiren, reiste auf großen Umwegen von Wittenberg über Braunschweig. Und als unterwegs seine geographischen Kenntnisse sich mehrten und er erfuhr, daß Braunschweig 60 Meilen von Stettin entfernt sei, kehrte er nach fast achttägiger Abwesenheit nach Wittenberg unverrichteter Sache zurück, weil der Umweg zu groß, jener Weg über Berlin aber des Kohlhasen wegen viel zu gefährlich erschien, als daß er dies Wagniß begehen konnte.

Auch die erneuten Vorstellungen gegen die That Kohlhasens trugen in Berlin für Sachsen nicht die erwünschten Früchte. Churfürst Joachim leugnete geradezu, daß Kohlhase die That begangen haben könne, und fügte schließlich die Bitte hinzu, der Landvoigt in Wittenberg möge ihn in Zukunft mit weiteren unthunlichen Ansuchen verschonen. Was half da die Replik des Landvoigts, der sich sogar erkühnte, dem Brandenburger Churfürsten ein freundliches Verhältniß zu Kohlhasen vorzuwerfen!

Die Machtlosigkeit Sachsens war in hellstes Licht getreten. Dem Churfürsten blieb nichts übrig, als noch einmal den friedlichen Weg zu betreten. In der Mark Brandenburg hatte sich ohnehin unter der Bevölkerung die Ansicht gebildet, daß Kohlhase so Unrecht an der Fehde nicht thue, und schon war ein trübes Moment eingetreten: Ein gegen Kohlhasen streifender Knecht war zu diesem übergegangen. [1]

Da gelang es dem Eustachius von Schlieben, den Kohlhasen zur Einstellung seiner Fehde zu vermögen, und auf Zureden verstand dieser sich zum friedlichen und rechtlichen Austrag. Auch Sachsen stellte auf Schlieben's Betrieb das Streifen ein. Freilich eine lange Zeit (vom August 1536 bis Januar 1537) ging darüber hin, ehe man sich über die Abhaltung eines zweiten Rechtstags in Jüterbock verständigte; denn Kohlhasens Leben war unstät; bald hier, bald dort hielt er sich in der Mark verborgen und er hatte wohl allen Grund, den friedlichen Versicherungen Sachsens nicht unbedingten Glauben zu schenken. Viel lieber hätte er gesehen, wenn die Sache auf brandenburgischem Gebiete, vielleicht in Beliz oder Treuenbriezen, verhandelt worden wäre. Aber schließlich nahm er doch den sächsischen Antrag an.

---

[1] Hans Voit, vom Amtmann zu Beliz bestellt, wurde kurz nach seiner Gefangennahme gerädert. Mitte Juli 1535.

Vergebens wartete er auf die Festsetzung eines Tages. Zu wiederholten Malen lief er den Eustachius von Schlieben an; wiederholt bat dieser bei Sachsen, aber der Churfürst schwieg oder vertröstete auf eine persönliche Zusammenkunft mit dem Brandenburger Churfürsten. Es geschah nichts.

Bis in den November 1536 — also fast anderthalb Jahre seit den ersten Zusagen — hatte sich Kohlhase ruhig gehalten, als die heftigsten Drohungen von ihm wieder hörbar wurden. Sofort setzte Sachsen seine Kundschafter in Thätigkeit. Aber an das Versprechen, den Rechtstag in Jüterbock festzustellen, dachte es nicht.

Binnen 4 Wochen, äußerte Kohlhase: im November will ich ein Spiel anrichten, daß man davon singen und sagen soll. Grund genug, daß man von Neuem über ihn Beschwerde in Berlin führte. Aber was half es; auch der junge Churfürst schien in den Bahnen Joachim's I. bleiben zu wollen.[1]) Er antwortete: Kohlhase ist jetzt zu Frankfurt an der Oder zum Markt; kommt er, so wollen wir ihn vorfordern lassen.[2])

Es war dem sächsischen Churfürsten durchaus nicht angenehm, daß sein Landvoigt sich wieder nach Berlin gewandt hatte. „Man wird's uns, meinte jener, für eine Kleinmüthigkeit deuten, als thäte man sich vor dem Kohlhasen fürchten." Aber zu leicht sollte man's nicht nehmen, rieth der Churfürst, man möge fein auf ihn Acht haben.

Unter hoffnungsvollem Warten auf die Ansetzung eines Rechtstags war allmählig die Ruhe zurückgekehrt. Kohlhase drängte den Schlieben, dieser den sächsischen Churfürsten, als endlich um die Mitte des Jahres 1537 eine zweite Verhandlung in Jüterbock zu Stande kam. Aber da man sächsischerseits auf eine Entschädigung Kohlhasens nicht einging und dieser sich entschieden weigerte, ohne diese sich den sächsischen Gerichten zu unterwerfen, so waren auch diese Verhandlungen vergeblich. Mit Gewißheit durfte Kohlhase auf ein für ihn ungünstiges Urtheil rechnen. War es ja schon auf dem

---

[1]) Sachsen hoffte bei diesem Regierungswechsel bestimmt auf Aenderung der Gesinnung.
[2]) Schreiben vom 19. Nov. 1536.

erſten Jüterbocker Tage eine feſt ausgeſprochene Anſicht der ſächſiſchen Rechtsgelehrten geweſen, daß er auch im Wege des Prozeſſes eine Entſchädigung nicht erlangen werde.

Thatenlos verſtrich das Jahr 1537, nur Drohungen ließen ſich hören, als die Sachſen im Anfange 1538 auf dem Tage zu Zerbſt das Anſinnen an Brandenburg ſtellen ließen, den Kohlhaſen gefänglich einzuziehen, bis er hinlängliche Verſicherung gegeben, ſich Rechtens genügen zu laſſen. Auch Euſtachius von Schlieben huldigte dieſer Anſicht. Aber der Brandenburger Churfürſt weigerte ſich entſchieden, dem Kohlhaſen das Geleit zu brechen oder aufzuſagen; er glaubte ihn dadurch mit Gewalt in gefürchtete Bahnen zu treiben. Und da auch die neuen Geſuche des Kohlhaſen auf jenem Tage nichts fruchteten, zerſchlugen ſich alle Ausſichten auf eine friedliche Beilegung.

Bis in die Mitte des Jahres 1538 wartete Kohlhaſe, als mit einem Male die Dinge in ein neues Stadium traten und der unheimlichen Stille eine Reihe von Verwickelungen folgte, die einen trüben Blick in die Zuſtände jenes großen Jahrhunderts geſtatten.

Kein Menſch ſoll meinethalben zu Schaden kommen, hatte Kohlhaſe wiederholt geſagt. Aber am Ende war er dieſem Grundſatze doch untreu geworden. Daß ihm nicht Recht wurde nach ſeinem Sinne, war ihm für die Dauer unerträglich. Gereizt durch ſeine Verwandtſchaft lenkte er in die Bahnen der zügelloſen Menge ein; er begann ſeinen Rachezug gegen das Recht verweigernde Sachſen. Im Geiſte jenes Jahrhunderts ſtiftete er eine Fehde, wie ſie das Reformationszeitalter wohl nicht wieder ſah.

Nachdem er das Geleit durch ſeine Frau ſeinem Brandenburger Churfürſten zurückgeſtellt[1]), eilte er mit wenigen Knechten um die Mitte des Juli 1538 nach der Herrſchaft Storkow, um dort

---

[1]) An Euſtachius von Schlieben ſandte Kohlhaſe den Geleitsbrief am 5. Juli zurück mit der Bitte, dahin zu wirken, daß der Churfürſt von Brandenburg ſich der ihn nicht erbittern möge. Der Geleitsbrief datirte vom 5. Februar 1536.

dem von der Frankfurter Messe heimkehrenden Bürger Georg Reiche aus Wittenberg aufzulauern und sich desselben als Geisel gegen Sachsen zu bemächtigen. Erst im Nachreiten — er hatte in jener Gegend sein Opfer verfehlt — erreichte er die Familie Reiche bei Jüterbock nahe bei Seehausen. Es war am 23. Juli[1]) zwischen 1 und 2 Uhr Nachmittags auf offener Landstraße. Mit drei Reitern sprengte er an den Wagen heran und indem er ihn anhielt, sprach er zur Frau des Georg Reiche: „Da habt ihr einen Brief, den bringt mir dem Bürgermeister von Wittenberg." Während er sich zu erkennen gab und den Fehdebrief der Frau in den Busen schob, räumten die Knechte die Kisten aus, und er selbst, nachdem er die Frau ihres Schmuckes beraubt, zog den Bürger von dem Wagen und fesselte ihn auf einem Pferde fest. Nachdem er dem Fuhrmanne und der Frau Reiche's das Versprechen abgenommen, bis zu ihrer Ankunft in Wittenberg keinerlei Mittheilung von dem Geschehenen zu machen und sie angelobt hatten, auf Erfordern sich einzustellen, wohin er es bestimmen werde, eilte er im Fluge mit seinem Gefangenen und der reichen Beute von dannen.

Drei und einen halben Tag mit kurzen Unterbrechungen saß Reiche zu Pferde. Mit verbundenen Augen, den Kopf zur Erde geneigt, schaute er kaum den Boden, der mit Sturmeseile unter ihm wechselte. Nur hie und da, an einsamen Stellen, zuerst bei Osterhausen in einer Mühle war eine Erfrischung geboten, die die Knechte herbeiholten. Bis Alles bereitet war, ging Kohlhase mit seinem Gefangenen spazieren. Wiederholt haben die Zeugen später ausgesagt, daß Reiche den Eindruck eines Gefangenen nicht gemacht habe.

Nach den ersten Tagen schwerer Prüfung gestattete Kohlhase seinem Gefangenen längere Rast, um der Verwandtschaft briefliche Kunde von sich zu geben und die nothwendigsten Geschäfte seines Hauses zu ordnen. Wo ich mich befinde, schrieb Reiche, weiß ich nicht; er datirte sein Schreiben auf der „Heide im Gewildniß."[2])

Furchtbar war der Eindruck, den die erneute Fehde Kohlhasens

---

[1]) cf. Destinata literaria 1209.
[2]) Brief an seine Schwägerin Bressy, Seidensückerin in Berlin, v. 25. Juli.

in Wittenberg machte. Hatte er doch gegen Gewohnheit und Recht dieselbe begonnen, ehe er sie angesagt hatte; traf sie doch einen Bürger der Stadt, der ohnehin nicht günstig situirt, durch die Beraubung auf lange ruinirt war. Mochte die Freundschaft auch noch so dringliche Vorstellungen machen, mochten sie den Kohlhasen auf die Ungnade des Brandenburgers hinweisen und um Gnade flehen, er antwortete stolz, daß Georg Reiche doch nur ein „Morgenbrod" für die erlittenen Schäden sei und derselbe nicht entlassen werde, bis Sachsen ihn gesühnt habe.[1]

Auf die Nachricht von der Fehde organisirte Sachsen von Neuem seine streifenden Rotten. Hülfreich boten befreundete Territorien die Hand zur Verfolgung; nur Brandenburg konnte nicht gewonnen werden. Alles was es that, bestand darin, daß es den sächsischen Rotten gestattete, den Fehder auch auf brandenburgischem Gebiete zu verfolgen.

Aber längst war Kohlhase nicht mehr auf diesem Territorium. Mit wenigen Gesellen war er nach Böhmen geeilt. Dort hatte er in den Wäldern sich 14 Tage lang aufgehalten und seinen Gefangenen gefesselt und mit verbundenen Augen umhergeschleppt. Noch einmal durfte Reiche seinen Verwandten schreiben. Inständigst bat er um die Intercession der Universität Wittenberg und Dr. Luther's, des in allen Verhältnissen mächtigen Mannes der Zeit, zur Befriedigung Kohlhasens beizutragen. Auch Reiche hatte im Laufe seiner Gefangenschaft die innigste Ueberzeugung gewonnen, daß Kohlhasens Recht tief gekränkt worden sei.[2]

Aber schneller, als der Gefangene ahnte, brach der Tag seiner Befreiung an.

Kohlhase hatte sich nämlich aus den böhmischen Wäldern nach der Herrschaft Storkow gewandt und sich nach dem Werder Wellatze, etwa eine Meile von Mernsdorf, auf Grund und Boden der Gebrüder von Birkholz begeben. Die ungeheure Thätigkeit der

---

[1] Die bezüglichen 3 Briefe verdanke ich meinem Collegen Dr. Strehlke. Gedruckt sind dieselben bereits bei Klöden, der sie derselben Quelle, dem Geheimen Staats-Archiv in Berlin, entnommen zu haben scheint.

[2] Brief vom 7. August.

sächsischen Canzlei in Wittenberg hatte auch die Aufmerksamkeit der dortigen Bewohner rege gemacht, und bald hatten die Unterthanen, aufgemuntert durch große Versprechungen und die Aussicht auf Beute [1]), den Kohlhasen in seinem Verstecke ausfindig gemacht. Auf einem Kahne setzte eine überlegene Schaar nach dem Werder über; es entspann sich ein heftiger Kampf, aus dem Kohlhase mit Zurücklassung seines Gefangenen und eines Knechtes nur mit Rettung seines Lebens entkam, indem er halb angekleidet in den Kahn sprang, das entgegengesetzte Ufer erreichte und im Dickicht verschwand. Das war am 11. August 1538.

Von hier eilte er zunächst nach Helmstädt [2]), wo er mit Anton von Sandersleben, dem gleichzeitigen Befehder Braunschweigs, in Verbindung stand.

In anderen Zeiten würde Georg Reiche seiner Gefangenschaft bald entledigt worden und der Mitschuldige Kohlhasens der Gerechtigkeit verfallen sein. Hier war das Ereigniß der Anfang einer großen Verwickelung, die wir für die Charakteristik der endlosen Wirren in jenem Zeitalter eingehender betrachten müssen.

Auf die Kunde von Kohlhasens Verjagung und der Einziehung seines Knechtes beeilte sich natürlich der sächsische Landvoigt, durch die Untersuchung Genaueres über die Theilnehmer an der Fehde zu erfahren. Der Knecht war bald darauf nach Storkow in die dem Bischof von Lebus zuständigen Gerichte abgeliefert worden, während die Arligen Christoph und Wolf von Birkholz den Georg Reiche in ihrem Gewahrsam behielten. Die Entlassung desselben schien für sie kein selbstverständliches Ding zu sein. — Des Landvoigts Gesuch beim Bischof um Gestattung des peinlichen Verhörs des Gefangenen hatte ebenso wenig Erfolg, als die Bitte an die von Birkholz, den Reiche in Freiheit zu setzen.

---

[1]) Der Schulmeister Pieske vermuthete 1000 Gulden bei dem Kohlhasen zu finden.

[2]) Nach einer Aussage des Wundarztes Hans Krebs von Hiltschen, welcher genauere Kunde von diesem Verkehr hatte und sich gegen Erkenntlichkeit erbot, den Kohlhasen zu fangen. Dieser Mann forderte seltsam genug 35 Thaler, damit er diese seinen Patienten als gezahltes Arztlohn zurückerstatten könne. Freie Wohnung auf Lebenslang wäre ihm jedoch auch nicht unwillkommen gewesen.

Daher begab sich der Wittenberger Schosser Schieferdecker sofort nach Berlin, um persönlich das Gesuch bei dem sich dort aufhaltenden Lebuser Bischof zu wiederholen.

Sofort trat das schroffe Verhältniß dieses Geistlichen klar zu Tage. Schon im Princip als Katholik ein Gegner Sachsens hatte er noch sehr gut im Gedächtniß, wie sich Sachsen in der Minckwitz'schen Fehde ihm gegenüber gestellt hatte; ihm als Geistlichen, dem die Güte der Strenge vorzuziehen Princip sein mußte, konnte eine peinliche Befragung nicht angenehm sein. Ueberdies stand er in rechtlicher Beziehung auf der Seite Kohlhasens, der mit bewunderswerther Gewandtheit trotz drohender Gefahren noch vor wenig Tagen bei ihm gewesen[1]) und den geistlichen Fürsten von seinem Recht überzeugt hatte.

Kurz der Bischof war für die sächsischen Anträge nicht zu gewinnen. Wiederholt hat man den sächsischen Abgeordneten in Berlin vorgeworfen: man habe in Wittenberg nichts gethan, als was mit bösen Briefen ausgerichtet worden wäre.

Da entbot der sächsische Churfürst seine Abgeordneten direct zum Landvoigt in der Niederlausitz, um von ihm die Erlaubniß der peinlichen Befragung zu erhalten. Sie fanden in Lübben zwar freundliche Aufnahme, aber die inzwischen eingetroffenen Briefe des Bischofs ließen nicht zum Ziele kommen. „So viel als einem Geistlichen geziemt," meinte der Bischof, „haben wir verschafft. Gern wollen wir die Befragung des Gefangenen gestatten, aber wünschen, daß das peinliche Verhör verbleibe."

Vergebens drohten die sächsischen Abgeordneten, sie zogen die goldne Bulle und den Landfrieden an und selbst Brandenburg wurde angestrengt, den Bischof günstig zu stimmen; aber der Lausitzer Landvoigt hielt sich streng an die Befehle des Bischofs, und auch Brandenburg meinte, daß ein peinliches Verhör des Knechtes dem geistlichen Fürsten die ungünstigste Nachrede bringen könne.

---

[1]) Das widerrief freilich der Bischof im Schreiben vom 31. August, s. Klöden p. 73.

Am Ende hatten die Sachsen doch das Ziel ihrer Wünsche erreicht. Die heftigsten Drohungen bestimmten den Bischof zur Nachgiebigkeit.

Am 7. September wurde in Storkow das peinliche Verhör angestellt. — Es ist bezeichnend für die Stimmung, daß eben die erschienen, welche den Gefangenen gemacht und inständigst baten, von der peinlichen Befragung abzustehen: es waren die Gebrüder von Birkholz. Sie machten geltend, daß ihnen zunächst die Verantwortung zufalle, daß Kohlhase ihnen, wie er gedroht, den rothen Hahn auf's Dach setzen und sie vom Adel an ihrer Ehre angetastet würden, als hätten sie für Geld[1]) einen armen Menschen auf die Fleischbank geopfert.

Zugleich betrieben nun auch die sächsischen Abgeordneten, welche nach Lübben zurückgekehrt waren und weitere Verhaltungsmaßregeln abwarteten, die Befreiung des Reiche, welcher noch in den Händen der Birkhölzer sich befand. Mit Hülfe des Landvoigts der Lausitz wurde ihnen ein Termin zur Ablieferung des Gefangenen auf den 13. September anberaumt. Allein diese weigerten sich, denselben nach Lübben zu transportiren, weil sie die Wege für unsicher hielten, und als man ihnen noch eine Präclusivfrist gesetzt und der Transport vor sich gehen sollte, weigerte sich aus gleichen Gründen sogar der nach Freiheit schmachtende Reiche, weil er fürchtete, vom Kohlhasen von Neuem aufgehoben zu werden.

Die Geständnisse des Kohlhase'schen Knechtes (Stephan Meyße) waren indeß in Wittenberg nicht genügend gewesen, und die sächsischen Abgeordneten reisten deshalb noch einmal zur peinlichen Befragung desselben nach Storkow ab. Als sie dort ankamen, fanden sie den Gefangenen in einer so traurigen körperlichen Lage, daß ihnen ihr Herz von einer weitern Tortur abrieth. Der Missethäter war nämlich beim Herablassen in den Thurm durch das Platzen des Seils 5 Lachter tief hinabgestürzt, wovon er, wie der Amtmann meinte, sich „im Leibe Schaden doch gethan haben möchte." Und da der

---

[1]) Ihre Leute hatten nämlich die bedeutende Summe von 30 Thalern zur Belohnung von Sachsen erhalten.

Gefangene anscheinend eine zweite Tortur nicht aushielt und bei seinen früheren Geständnissen blieb, hielt man es für das Geeignetste, ihn nicht zu foltern, sondern vom Leben zum Tode zu bringen. — Es war am 20. September 1538, als das zweite Opfer der rächenden Hand anheim fiel.

Kohlhase ließ sich durch diese Vorgänge von einem weitern Vorgehen nicht abschrecken.

Schon 5 Tage nach jener Niederlage auf dem Werder war er wieder hörbar, indem er am 17. August zunächst den Gebrüdern von Birkholz die Fehde ankündigte, falls sie seinen (nach Kohlhasens Ansicht) widerrechtlich gefangenen Knecht nicht sofort auf freien Fuß stellen und den Reiche ihm wiederausantworten würden.[1]) — Ueberdies wandte er sich brieflich an den Bischof von Lebus, um die unfreiwillige Niederlassung auf bischöflichem Territorium zu entschuldigen und die begründete Hoffnung auszusprechen, daß der Bischof als „Handhaber und tröstlicher Liebhaber der göttlichen Gerechtigkeit" von seinem Recht überzeugt sei, und zur Zurückgabe der abgenommenen Güter und der Gefangenen nach Kräften beitragen werde.

Dem stimmte der Bischof freilich nicht bei, aber er hielt es wenigstens für seine Schuldigkeit, mit dem Kohlhasen hierüber in Briefwechsel zu treten und ihn eines Bessern zu belehren.

Es ist überhaupt erstaunlich, welche Thätigkeit von allen Seiten in dieser Angelegenheit entwickelt wurde. Die Correspondenzen hielten die Boten in vollem Athem, und vielleicht hat nie eine streifende Rotte ein glänzenderes Zeugniß für ihre Untüchtigkeit an den Tag gelegt, als die, welche Monate hindurch auf die Gesellschaft des Kohlhasen fahndete. Es ist wohl vorgekommen, daß jene sich 7 Tage lang an einem Orte niederließ, blos weil Kohlhase da gewesen und man hoffte, daß er wieder kommen werde. Noch viel merkwürdiger ist es, daß man einzelne Leute an Orten aufstellte, die während der

---

[1]) Der bei Klöden p. 71 in extenso mitgetheilte Brief ist ein schlagender Beweis, daß Kohlhase nicht allein gebildet, sondern daß er auch in seinem Grimme einen großen Humor zu entwickeln fähig war. Charakteristisch ist seine Meinung von der „unadlichen That" der Birkhölzer.

Zeit auf Tagelohn arbeiteten, um den Kohlhasen desto ruhiger und ohne Ausfall für die sächsische Kasse abwarten zu können.

Und über all dem Durcheinander war Sachsens Verhältniß zu Brandenburg nicht besser geworden. Unschuldige Unterthanen im Brandenburgischen Territorium wurden von Sachsen eingezogen, in dumpfen Gefängnissen fest gehalten; die Städte nahmen sich ihrer Angehörigen eifrig an, während Sachsen die Untersuchung führte und Schuld oder Unschuld der fremden Unterthanen nach dem Ermessen der eignen Juristenfacultät in Wittenberg abzuwägen pflegte. Monate lang hat es z. B. an einem Stadtkinde Wrietzens a. O., Namens Seldenheims, die peinlichste Untersuchung fortgesetzt, bis dann endlich die Wittenberger Facultät den nahe am Untergange Stehenden wegen mangelnder Indicien freisprach.

Während dem feierte auch Kohlhase nicht. Bald hier, bald dort tauchte er auf. Die aufgeregten Gemüther wollen ihn gleichzeitig in Pommern und in den Harzgegenden gesehen haben. Jeder unheimliche Gesell war natürlich der Kohlhase. Am Ende entging er den Nachstellungen aller, weil er schlauer war, als all' seine Verfolger. Es ist eine der unrichtigsten Vorstellungen, die Kleist von dem Wesen der Fehde Kohlhasens erzeugt hat, wenn er von über hundert Mann spricht, die dieser bei sich gehabt habe. Solch' ein Verfahren würde gegen das Interesse Kohlhasens gewesen sein und ihn bald den Händen der Gerechtigkeit überliefert haben. Was er ausführte, that er gewöhnlich mit 3—5 Mann. Es ist notorisch, daß er selten mehrerer sich bediente. Er warb die Gesellen, wie er sie brauchte, ging in die Buden der Handwerker oder verhandelte offen auf den Straßen Cöllns mit dem Gesindel, das er in eines der nächsten Dörfer bestellte, um von da seine Züge anzutreten. Was er vor hatte, darüber sprach er nie. Auf einigen Klöppern pflegte er davon zu reiten; des Nachts traf ihn an einem bestimmten Orte ein Rollwäglein, auf welches er die geringe Mannschaft zum Theil absetzte, und so erreichte er ohne Aufsehen die Ortschaften der sächsischen Grenze. Aus den Wäldern, in denen er den Schlag vorbereitete, sandte er einige Kundschafter aus, um sich über die Wehrfähigkeit der Ortschaften klar zu werden; dann stürmte er los oder zog ab. — Das ist das Wesen seiner Fehde; nur so war es möglich, den, wenn auch schlecht organisirten streifenden Rotten doch auf die Dauer auszuweichen.

Unter den Schlägen, die er ausführte und die actlich feststehen, nimmt die Plünderung von Marzahna die erste Stelle ein. Am Abend des 7. November drang er in den Krug ein, nach und nach folgte ihm die Mannschaft. — Nachdem der Krüger Brandschatzung gelobt, sandte er die übrigen Gesellen in die wohlhabenden Häuser ab. Wer sich dem Raube widersetzte, büßte es unfehlbar mit dem Leben. Er selbst drang in's Pfarrhaus, brandschatzte den Pfarrer und während er von da zurückkehrte, den Pfarrer auf das Pferd gebunden, hatten die übrigen Gesellen bereits den verhaßten Geleitsmann Michael Hahn herbeigeschafft, an die Säule vor dem Krug angebunden, und Kohlhase war der erste, der ihn mit seinem Spieß durchrannte. Ein Pfiff ertönte[1], der lange hagere Gesell rührte die Trommel und von bannen sauste die wilde Horde, reich beladen mit Beute, hinter sich die Brücken abbrechend[2], während das nahe Schmögeldorf, von einigen angezündet, in hellen Flammen aufging.

Diese That hatte Kohlhase mit 35 Mann ausgeführt. Weder vorher noch später hat er so viel Genossen beisammen gehabt, und er selbst hat es ausgesprochen, daß ihrer zu viel gewesen wären.

Nachdem er seine Gefangenen einige Stunden mit sich geschleppt, die Beute getheilt, entließ er sie mit dem Versprechen, sich stellen zu wollen, wohin er bestimmen werde, während die Knechte sich zerstreuten und nur auf Erfordern an bestimmten Orten sich einstellten. Er selbst pflegte nach einer solchen That nur mit 2 bis 3 Mann zusammenzubleiben oder auch diese zu entlassen. Wiederholt hat er in der Einsamkeit die furchtbarsten innern Kämpfe bestanden und seinen Begleitern gesagt, er wolle nicht mehr brennen. Das namenlose Unglück, das er verbreitete, hatte ihn zur Umkehr be-

---

[1] Selbst ein Junge von 15 Jahren, Hans Herzberg von Gransee, der den Pfeifer machte, war dabei betheiligt.

[2] So bei dem Nitzschenhammer und Waltersdorf, wo die Einwohner selbst halfen, weil er ihnen die Büchse auf die Brust setzte.

stimmt. Gern hätte er die Hand zum Frieden geboten. Aber wenn er des schreienden Unrechts seiner Gegner gedacht, dann blitzte sein Auge auf und verrieth den Grimm, der ihn unaufhörlich zu neuen Thaten weiter trieb.

Schon hatte die sächsische Justiz ein weiteres Opfer seines Treibens erreicht. In Weissack war ein junger Mensch von kaum 24 Jahren durch den Strick hingerichtet[1]) und nach dem Einfall von Marzahna hatte der Abt zur Zinne zwei der Theilnahme Schuldige eingefangen. Wieder setzten die Executoren ihren Wanderstab in Bewegung und am 22. November büßten die Gesellen, nachdem sie die Sacramente empfangen, ihre That auf dem Rad.[2])

Das Alles vernahm Kohlhase. Von Neuem wallte sein Zorn auf. Er gedachte des Pfarrers zu Marzahna, den er unter Vorbehalt entlassen hatte, und forderte ihn auf[3]), sich bis Sonntag Cantate (1539) in Sprevenhagen einzustellen. „Ich hoffe," schrieb er ihm in seiner derben Weise, „Ihr werdet Eure Ehre und Euren Glimpf besser bewahren, als der erlogene, ehrlose, meineidige Bösewicht, Georg Reiche, wo nicht, so will ich Euch und allen Pfaffen die Hoden ausreißen."

Und mit gleichem Spott, — es ist erstaunlich, welche Thätigkeit Kohlhase auch in dieser Beziehung entwickelte, — schrieb er an die Bauern selbst. Er stellte ihnen einen Termin zur Ablieferung der versprochenen Brandschatzung in des Richters Haus zu Storkow. „Wo ihr nicht Folge leistet, so schickt Euch die Woche darnach auf kalt Wasser. Und wenn Ihr alle wachet, es wird Euch nichts helfen!"

---

[1]) Bernhard Krüger, der die Aufgabe hatte, Wittenberg anzustecken. Krüger war auch — mit einem Gulden Handgeld — dahin gegangen; aber da er „bedacht, daß Feuer großen Schaden thue, habe er's unterlassen und sich nur der Dieberei befleißigt." Am 21. October wurde die Execution vollzogen.

[2]) Ungenau ist Hastitius, wenn er sagt, daß es Freitag vor Pfingsten gewesen sei. Wenn Menzel (Neuere Gesch. d. Deutsch. II. 312—13. 2. Aufl.) sie für unschuldig hält, so hat er die Worte des Chronisten nur falsch gedeutet. Sie waren schuldig, und ihre Hinrichtung hing nicht mit dem üblichen Geldmachen zusammen, was Menzel nachschreibt. Das erzeugt für diesen Fall eine völlig falsche Vorstellung von dem Ausüben der Klostergerichtsbarkeit.

[3]) Brief vom 10. Dec. 1538.

Scherzend fügte er hinzu: Ich hätte Euch den Brief gern selbst gebracht, aber mein Pferd ist hinkend worden. Auch mit den Herren von Birkholz trat er in brieflichen Verkehr. Noch hatten sie ihm nicht Genüge gethan. Was sie für Fug und Recht zur Gefangennehmung Reiches gehabt, das stellte er in ihr Gewissen. „Aber als von adlichem Stamm entsprossen", meinte er, „hätten sie die That eines gemeinen Mannes vermeiden müssen." Dringend forderte er sie zur gütlichen Uebereinkunft auf, wie je vier von beiden Parteien zur Verhandlung über die Entschädigungsfrage zusammen kommen sollten. Theilten die Birkhölzer diese Meinung auch nicht, so verfehlten sie doch nicht, ihm zu antworten und auf sächsischen Betrieb — abschläglich zu bescheiden.

Immer verbissener wurde Kohlhase. In der Nacht vom 15. bis 16. Dec. ritt er bei Zinna mit drei seiner Gesellen zur Richtstätte. Noch lagen die entseelten Körper auf den Rädern. Blutenden Herzens löste er sie, ließ die Räder den Berg hinablaufen, und heftete an sie mit einem Hufnagel einen Zettel mit der Inschrift: Recte judicate, Filii hominum.¹) Bitter äußerte sich der sächsische Churfürst, daß der Abt zu Zinna den Frevel durch Entfernung der Körper nicht verhütet, aber der Zettel Kohlhasens dieses Orts so übel nicht gestanden habe.

Das unaufhörliche Drängen Sachsens bewog endlich die Brandenburgische Regierung mit dem Beginn des Jahres 1539 einen Schritt weiter zu gehen. Joachim II. erließ am 2. Januar ein öffentliches Ausschreiben in seinem Lande, den Sachsen zur Einbrin-

---

¹) Das ist die allein richtige Aufschrift, welche das Ernest. Gesammt-Archiv im Original besitzt. Der Zettel, ein Octavblatt, war in der Mitte mit einem Nagel, an den vier Ecken aber mit Wachs befestigt. Aus dem Chronisten ist die dem Sinne nach richtige, dem Wortlaut nach falsche Aufschrift in alle Darstellungen übergegangen. — Ungenau ist ebenfalls der Chronist, wenn er sagt, daß der Zettel am Pfingstabend abgenommen sei. Für die Nachricht, daß Kohlhase die entseelten Körper nach Wittenberg mit einem Schreiben an den Churfürsten adressirt habe, finde ich keinerlei urkundliche Belege. Ich glaube nicht daran, denn sie waren noch am 18. Dec. vorhanden und es läßt sich nicht annehmen, daß Kohlhase zum zweiten Male dahin gegangen sei, um sie in Empfang zu nehmen.

gung Kohlhasens behülflich zu sein. Das war aber auch Alles, was geschah. Daß man nicht viel von dieser Maßregel erwarten konnte, dafür sprach die Stimmung der Brandenburgischen Bevölkerung, die ihn — sei es aus Furcht oder aus wirklicher Theilnahme — hegte und vor den Nachstellungen sicherte. Hätte Joachim II. den redlichen Willen gehabt, dem churfürstlichen Vetter die Landplage abzunehmen, so wäre es ein Kleines gewesen, den Kohlhasen einzufangen, der sich in und um Berlin aufzuhalten pflegte.

Aber man unterschätze es nicht; die Stimmung für den Kohlhasen war eine gewaltige im Territorium. Joachim hätte viel gewagt, hätte er anders gehandelt.

Am klarsten trat sie bei den Executionen zu Tage, die die wandernden sächsischen Scharfrichter ausführten.

Auf die Anzeige des Lausitzer Landvoigtes, Heinrich Tunkels — er war für seine Bemühungen mit einem Wildschweine von Sachsen begnadet; ein überflüssig und vollgerüttelt Maß, meinte er, — daß ein Gefährde Kohlhasens zu Fürstenwalde ergriffen, eilten die sächsischen Räthe herbei, um den Gefangenen zu verhören. Schon der Rath der Stadt machte allerlei Schwierigkeiten, auch er fürchtete den Pöbel. Aber zuletzt gab er nach. Am 8. Januar ging die Hinrichtung des Gefangenen auf offenem Markte vor sich. Unter den bessern Ständen waren es sogar der dortige Geistliche und der Organist, die das Volk aufwiegelten. Sie erinnerten an die Fehde des Nickel v. Minckwitz, der Fürstenwalde geplündert und die Beute zu Wittenberg getheilt habe. Unter Toben und Wüthen der Menge verließen die Richter die Stadt; hätte man gewußt, daß der Rath so schleunig Recht gestatte, so möchten die Richter nicht als Diener eines evangelischen Fürsten, sondern als die eines Bluthundes, schwerlich „ungeklopft" aus der Stadt gekommen sein.[1]

Für jede Execution rächte sich Kohlhase von Neuem.

In der Nacht vom 19. bis 20. Februar führte er den Müller von Stangenhagen bei Blankensee gefangen mit sich.

---

[1] Als sächsische Richter fungirten: Schneidewein, Michael v. Ende und Anton Scheibe.

Gleich dem Georg Reiche wurde dieser auf's Pferd gebunden; lange Zeit eilte er mit ihm umher, bis ihm 550 Gulden für die Freigebung des Gefangenen von den Angehörigen bezahlt wurden.

Und nun denke man sich die Furcht und das Entsetzen in jenen unsichern Zeiten über die wachsende Unsicherheit selbst, wie Mord, Name und Brand sich häufiger wiederholten als je, wie Thaten des Kohlhasen fingirt wurden[1], an die er nie gedacht hatte. Die ganze Erbärmlichkeit der territorialen Zustände trat hier, wie an keinem andern Punkte, klar zu Tage. Der Landesherr wie die sächsischen Unterthanen des bedrohten Churkreises waren in der verzweifeltsten Lage. Hin und her war geschrieben, ein Bote jagte den andern, eine Schreckensnachricht folgte der anderen. „Es schreien," schrieb Luther seinem Churfürsten, „Eure Unterthanen hier im Churfürstenthum um Rath und Hülfe wider die Fehde des Kohlhasen; ich hätte schier gesagt des Churfürsten von Brandenburg, wenn der herrliche Name auf der Person nicht schwebte. Es ist nur das das Aergste, daß man irre wird, und das Volk in Zweifel geräth, ob Freund oder Feind mit einander um sie mummschanzen. Darum ist all ihr Trost nächst Gott Euer churfürstl. Gnaden, der des Landes Herr und der Leute Vater von Gott gesetzet ist, das habe ich Euer churfürstl. Gnaden so ungefähr müssen anzeigen um der mannichfaltigen und fährlichen rede willen. Etliche machens geringe, etliche groß und gehet also durcheinander, daß Niemand weiß, was oder wie man glauben soll. So lebet der Teufel und die Welt ist ihrer Art nach voll List und Untreu."[2]

Weiter trieb Kohlhase sein Rauben. Im Anfang Februar wüthete er bei Schlieben. Er hatte fest im Sinne, Baruth in Asche zu legen, um sich für die halben Maßregeln des Eustachius von

---

[1] Wir nennen nur Anzeigen, wie die des Barthel Braun, eines Unterthanen des Caspar v. Schönberg, daß er von Kohlhasen an einen Baum gebunden und halb erfroren sei.

[2] Zum ersten Male erscheint dieses Postscript des Briefes hier. In meiner Ausgabe der Correspondenz Luther's werde ich dasselbe diplomatisch genau wiedergeben.

Schlieben zu rächen.[1] Dann hatte er sich lange in Brandenburg aufgehalten; der Bürgermeister selbst wußte um seinen Aufenthalt. Die Kinder auf den Straßen deuteten auf den hagern Mann im weißen Mantel, mit blauem Hut und der Feder. Alle ließen ihn gewähren, der zur Sicherheit in vier Herbergen seinen Aufenthalt wechselte. Dort sahen ihn Luther's Freunde, die selbst vom Rathe der Stadt gewarnt wurden, daß Kohlhase anwesend sei. Und indeß war Wittenberg so vorsichtig, daß es keine Balken außerhalb der Stadt liegen ließ, damit Kohlhase nicht etwa aus ihnen Brücken über die Gräben herstelle. Das waren Zeichen der Zeit.[2]

Indessen hatte man wieder Theilnehmer der Kohlhasen'schen Bande gefangen. Anfang April war Paul Pfaff[3] in Mittenwalde und in Gransee Jacob Schneider[4] niedergelegen. Schwer belastet durch die Plünderung von Marzahna, suchte man sächsischerseits das peinliche Verhör gegen ihn nach. Was oft sich wiederholt, trat auch hier zu Tage. Die Brandenburger Statthalter weigerten das Verhör und in eben dem Maße that es der Rath zu Gransee; ein Beweis, wie man die höchsten Befehle des brandenburger Churfürsten respectirte. Dazwischen kamen die Competenzconflicte der Schenkin Catharina von Landsberg, die den Gefangenen von Mittenwalde nach Teupitz geliefert wissen wollte; lange Zeit ist darüber hingegangen, ehe die sächsischen Räthe zu ihrem Ziele gelangten. Die Untersuchung ergab ein schreckliches Bild der socialen Zustände. Unter fürchterlicher Marter, wie sie die peinliche Halsgerichtsordnung jener Tage erfunden, mit Zangen gezwickt und gebrannt, gestreckt und eingeschraubt, bekannten und widerriefen die Missethäter die Namen der Mitschuldigen. Es war der Auswurf der Menschheit, der sich unter Kohlhase zusammengefunden; finsteres Gesindel, das alle Abenteuer des Lebens bestanden, hier um den Preis der

---

[1] De Wette, Luther's Briefe V. 158.
[2] Luther's Briefe von de Wette V. p. 171.
[3] Eigentlich Stolz, aber da er eines Pfarrers Sohn zu Friedersdorf, wurde er Pfaff genannt.
[4] Eigentlich Polit, von seiner Beschäftigung Schneider genannt. Das liederliche Gesindel trug stets zwei Namen.

halben Beute und für den geringen Jahrlohn von 12 Gulden dem
Unwesen gedient hatte. Die ganze Umwandlung des Kohlhasen, sein
tief moralisches Gesunkensein trat in furchtbar abschreckender Weise
klar zu Tage.

Schon fühlte er sich nicht mehr sicher; die Gefangenen sagten
aus, daß er in's Voigtland habe übersiedeln wollen. Unter falschem
Namen trieb er sich in der Gegend von Berlin umher, wo ihn
Bürgermeister und Gastwirthe hegten und verbargen. Nicht frei
von den verderblichen Einflüsterungen seiner großen Verwandtschaft [1])
mit ihren falschen Rechtsanschauungen, war er zuletzt in Widerstreit
mit sich selbst gerathen. Sonst fest entschlossen, sein Recht mit dem Le=
ben zu erkaufen, sehen wir ihn plötzlich einlenken und ihn, den
nichts Fürchtenden, der Bewegung den Rücken kehren. Unter fal=
schem Namen, als Jörg Platte, bat er um Aufnahme und Schutz
in dem Fürstenthume Braunschweig [2]), und sind wir von dem Chro=
nisten recht berichtet, so faßte er noch einmal den Muth, umzukeh=
ren und Luthern um Verwendung beim Churfürsten anzugehen. [3])

Verkappt, in Begleitung eines Knechtes machte sich Kohlhase
nach Wittenberg auf. Ganz allein suchte er, in nächtliches Dunkel
gehüllt, den Weg zum Hause des großen Reformators. An der
Pforte verlangte man seinen Namen. Als er darauf bestand, den
Docter in eigener Person zu sprechen, ging ihm Luther entgegen.

---

[1]) Jorg Krüger, Andres Hebatz, Mathes Schönbach und Eide (Sidow) nen=
nen die Acten als in Berlin gesessene Handwerker.

[2]) 26. Mai 1539. Er erhielt auf den Brief, der durch Brandenburg den
Sachsen mitgetheilt wurde, keine Antwort.

[3]) Für dieses psychologisch wichtige Moment habe ich vergebens quellenmä=
ßige Beweise gesucht, daß er wirklich nach Wittenberg zu Luther gegangen sei.
Auch ist es nur eine Vermuthung von mir, daß es gegen Mitte 1539 ge=
schah. Es paßt aber zu den übrigen Manipulationen Kohlhasens in dieser Zeit.
Peter Hast giebt keine Zeit an. Dieser freilich bringt Kohlhasens Gang mit
einem Briefe Luther's in Verbindung, der jedoch dem Jahre 1534 angehört.
Demnach müßten wir voraussetzen, daß Luther 1539 noch einmal ihn gemahnt
hätte, wofür bis jetzt kein urkundlicher Beleg vorhanden ist. Möglich, daß der
zweite Brief verloren gegangen ist, wenn er überhaupt existirte. Man wird
mir eine Vermuthung nicht übelnehmen, um dieses Moment an geeigneter Stelle
unterzubringen.

Bist du etwa der Kohlhase? lautete die Anrede. Ich bin es, Herr Doctor![1]) Nachdem ihn Luther in ein heimliches Gemach geführt, erzählte Kohlhase in Gegenwart anderer Theologen seinen ganzen Handel. Bis spät in die Nacht weilte er hier, und nachdem er das Sacrament empfangen und versprochen, von seinem Vornehmen gegen das Land zu Sachsen abstehen zu wollen, was er auch gehalten[2]), schied er von ihm und verließ unerkannt Wittenberg mit dem Versprechen Luther's, daß seine Sache ein gutes Ende erreichen werde.

Vergebens scheint Luther's Verwendung gewesen zu sein. Die Verfolgungen der Mitschuldigen Kohlhasens auf brandenburgischem Gebiete gingen ungestört weiter. Mochte die Gemahlin Joachim's für den Bruder ihrer Amme[3]) um Gnade flehen und der Graf Wolfgang von Barby die Versicherung geben, daß man die Fehde einstellen werde, wenn diesem Schuldigen das Leben erhalten bleibe, der sächsische Churfürst kannte kein Mitleid für diese Verirrungen. Bitter genug lautete die Antwort, daß er mit betrübtem Sinne wahrgenommen, wie am Busen solch einer Verwandtschaft Brandenburgs Fürsten groß gezogen würden.[4])

Und zu der Mißstimmung der Häuser trat die vermehrte der brandenburgischen Bevölkerung. Immer heftiger wurden ihre Beschwerden gegen die streifenden Rotten der Sachsen, daß die Saaten verwüstet, unverdächtige Personen ohne Noth aufgegriffen und das Eigenthum verletzt werde. Schon nahm die Aufregung Dimensionen an, die das Schlimmste befürchten ließen. Als die sächsischen Richter nach Mittenwalde zogen, um den Schuldigen Paul Pfaff zu richten, verweigerte ihnen der Bürgermeister von Trebbin das Geleit. Unter Schreien und Pfeifen und den schrecklichsten Ergüssen pöbelhafter

---

[1]) Wir wollen das schlechte Latein nicht ihm, sondern dem Chronisten zur Last legen, wenn K. geantwortet haben soll: „Sum Domine Doctor."

[2]) Ein wichtiges Moment für die Einreihung der Scene, denn Kohlhase hat gegen Sachsen seit der Zeit nichts wieder vorgenommen.

[3]) Paul Stolze's (Pfaff) Schwester. Die Churfürstin stellte vor, daß ihre Amme sich entsetzen und der säugende Prinz die Folgen tragen werde.

[4]) Anschreiben vom 3. Juni; die Antwort erfolgte am 5. Juni.

Wuth verließen sie den Ort; man liest es zwischen den Zeilen, wie sie aufathmeten, als sie in Mittenwalde sich endlich sicher fühlten. Aber nur um so furchtbarer entflammte der Zorn des Volks; es fehlte nicht an Versuchen, den Gefangenen gewaltsam zu befreien, der nach brandenburgischem Rechte gerichtet sein wollte und vor allem das Appellationsrecht beanspruchte. — Kalt entgegneten ihm die sächsischen Richter, daß es in causis criminalibus keine Appellation gebe, und so büßte der Gefangene mit dem Schwert auf offnem Markte das Leben. Furchtbar war das Wüthen der Menge, unter der die bessern Stände bis zur Geistlichkeit hinauf vertreten waren. Unaufhörliches Schießen mischte sich in den Jammer, von fremden Gerichten und „Bluthunden" gegeißelt zu sein.[1]

Unter solchen Verhältnissen nahte sich auch die Frau des Kohlhasen dem Churfürsten von Sachsen. Inständigst bat sie[2], die in zweifelloser Weise sich der Theilnahme des Raubes schuldig gemacht, mit ihren drei kleinen Kindern dem Kohlhasen das „unordentliche Fürnehmen unter Wiedererstattung seiner Schäden zu verzeihen, die, welche den Schaden gestiftet, zur Schabloshaltung anzuhalten, während Kohlhase selbst um Verzeihung bitten werde." —

Es war doch eine peinliche Lage Sachsens, die in Berlin zu wissen, welche lange verfolgt und von Brandenburgs Churfürsten als flüchtig und unerreichbar bezeichnet worden war.

Wie sich erwarten ließ, das Gesuch wurde beigelegt.

Unterdeß setzten die Sachsen ihre Executionen fort; es läßt sich denken, bei solcher Stimmung der Bevölkerung ein schweres und gefährliches Amt zugleich. Als sie nach Gransee zogen, weigerten die brandenburgischen Behörden das Geleit, „man wisse nicht", lautete

---

[1] Alles nach Berichten der sächsischen Abgeordneten Nickel Widdemanns und Anthon Scheibes, die wahrlich nicht übertrieben (13. Juni).

[2] 17. Juni von Cölln a. d. S. aus. Sie hieß Margaretha, ihre drei Kinder Hans, Anna, Margaretha. Sie war im Besitz der Reiche'schen Sachen, die ihr Kohlhase nach dem Ueberfalle des Reiche zur Aufbewahrung sandte. Für die richtige Beurtheilung des Ueberfalls ist übrigens festzuhalten, daß das Geraubte im Nutzen Kohlhasens nicht verwendet, sondern von ihm selbst nur als ein später herauszugebendes Pfand betrachtet wurde.

der Grund, „ob es ihrem Churfürsten angenehm sei." Nachdem der Gefangene dort seine Schuld bekannt und sein hochschwangeres Weib in Gnaden die Zusicherung erhielt, daß er mittelst Schwert vom Leben zum Tode gebracht werden solle, ging die Execution rasch vor sich[1], bei der sich in nicht geringerer Weise wie früher die schrecklichste Aufregung der Massen kund gab.

Noch einmal unternahm es Sachsen, den brandenburger Churfürsten zur schärferen Verfolgung der Kohlhase'schen Gesellschaft zu vermögen. Am 20. Juni sandte es seine Abgeordneten nach Berlin ab.[2] Die Antwort Joachim's war bei aller Freundlichkeit doch nicht ohne Schärfe und Bissigkeit. Ihm erschien das Rauben und Placken als ein schweres Uebel, gegen das man trotz der härtesten Kämpfe nicht immer aufkommen könne. Sachsen möge sich nur erinnern, wie auch Churfürst Johann gegen vornehme Landbeschädiger nicht viel ausgerichtet habe. Man kam doch immer andeutungsweise auf den edlen Raubritter Nickel v. Minckwitz zurück! Und dabei wies Joachim klar nach, wie er gegen gegebenes Geleit den Kohlhasen doch nicht verfolgen könne. Freilich daran dachte man nicht, daß dieser es längst aufgegeben, den brandenburgischen Schutz gar nicht mehr beansprucht hatte. Aber zuletzt erbot sich der Churfürst doch noch, gegen die Schmähenden in seinem Territorium loszugehen. „Nur um Namen handelt es sich", schrieb er, „dann wollen wir sie strafen."

Wer war so vorbereitet, wie Sachsen. Sofort erschien eine Liste von 39 Personen, die sich bald dies, bald jenes hatten zu Schulden kommen lassen. Viele waren auf das Bedenklichste belastet, Bürgermeister, Geistliche und andere Angesehene des Landes liefen Gefahr, der gemeinsam rächenden Hand anheimzufallen. Unter den hart Gravirten von Kohlhasens Verwandtschaft war der Bürger Hans Kohlhase zu Wriezen, seine Schwester zu Straußberg, des Kohlhasen Vetter, der Pfarrer zu Kleinziethen und viele Andere.

---

[1] Am 19. Juni 1539. Auch das religiöse Moment Katholicismus und Protestantismus spielten ihre Rolle. Der Geistliche des Ortes bestimmte den Verurtheilten, das Sacrament nur unter einer Gestalt zu empfangen.

[2] Es war Bernhard v. Mila, Hans v. Pack, Wolf v. Schönberg und Dr. Goldsteiner. In Nauen schloß man ihnen die Thore vor der Nase zu.

Wie wurde Sachsen leicht. Gerührt dankte der mächtige sächsische Churfürst. Welche Ohnmacht liegt doch in einem so einfachen Dankschreiben.

Aber so scharf, wie Sachsen meinte, setzte Brandenburg nicht ein. Ehe ihm wahre Hülfe geboten wurde, hatte es noch allerhand widerwärtige Dinge zu bestehen. Es seufzte unter der Last der Landplage, die nun 6 Jahre gewährt und die furchtbarsten materiellen Opfer gekostet hatte. Falsche Kundschafter[1]) tauchten auf, die mit ihren Nachrichten Geld erpreßten und die Sachsen in ihren Verfolgungen irre leiteten. „Kohlhase läge verwundet in Erfurt," hat einer eines Tages angezeigt, „er habe das Kloster Plötzke angezündet"; und von all dem war Kohlhase entfernter als je. Traurig und thatenlos verging ihm die Zeit; es war eine Jammergestalt, die im nächtlichen Dunkel umhereilte, in Furcht und fieberhafter Aufregung rath- und thatlos geworden war. „Man mußte sich seiner erbarmen, die Christenpflicht gebot es," hat sein Vetter Hans ausgesagt. —

Immer weiter breitete Sachsen seine Untersuchungen aus. Im Juli hatte es das peinliche Verhör über einen kaum 20jährigen Missethäter verhängt.[2]) Ueberhaupt ist es erstaunlich, wie die Jugend bei der Fehde sich betheiligte. Erst Ackerknecht des Kohlhasen, war dieser dann Tagelöhner im Schloß zu Berlin geworden, und war dann bei Zeiten in die Gesellschaft des finstern „Nagelschmidt" gekommen, der auch im Dienst des brandenburger Hofs gestanden und welcher den jungen Menschen zum Stalljungen angenommen hatte. Wir führen dies an, weil es ein merkwürdiges Moment in der Fehde ist, daß gerade da der Anhang des Kohlhasen seinen Herd hatte.

Im August fielen noch drei andere Gesellen in die Hände der Sachsen. Das Verhör zu Freistadt ergab, daß sich aus den verschiedensten Territorien die Anhänger um den Kohlhasen schaarten. Pommern wie Bayern stellte ihr Contingent. Die Zeit, wo die Knechte im Lande umherliefen und Kriegsdienste suchten, war wie

---

[1]) So in Weimar Mitte Juni 1539.
[2]) Jacob Tylicke von Großmachenau.

geschaffen, um allerhand abenteuerliches Gesindel zu Haufen zu bringen, das in der Regel seinen Spitznamen von allerlei Zufälligkeiten des Lebens empfing und weiter führte.¹)

Unterdessen entwickelte seinem Versprechen gemäß auch Brandenburg seine Thätigkeit. Es hatte wirklich eine Reihe Belasteter in Berlin aufgebracht; namentlich war Kohlhasens Verwandtschaft in reichem Maße vertreten. Viele freilich zeigten sich im großen Purgationstermine zu Berlin unschuldig, andere waren flüchtig, noch andere, wie des Kohlhasen Schwester, waren längst todt. Allmälig hatte man doch 80 Ortschaften im Brandenburgischen aufgezeichnet, die den Kohlhasen gehegt hatten und ein leider unvollständiges Verzeichniß hatte 51 Personen namhaft gemacht, welche aus dem Stande des Adels, der Bürgermeister, Landrichter, Pfarrer, Krüger und Müller in der einen oder andern Weise als Mitschuldige gelten durften.

Wiederholt war der Reinigungstermin in Berlin verschoben worden. Und nun da die sächsischen Beamten in Begleitung des Scharfrichters²) erschienen, da gestattete Brandenburg nur bei wenigen die peinliche Befragung. Lange verhandelte man über die Zulässigkeit, denn man fand doch, daß die Verwandtschaft billig anders zu beurtheilen sei, wenn sie dem Kohlhasen, den Hunger und Elend in ihre Häuser getrieben, geätzt, getränkt und beherbergt hatte. Dann wiederholten sich die Competenzconflicte³), in denen man dringend die Einstellung der Untersuchung forderte. Lange Zeit ist darüber hingegangen, ehe die Schöppen von Magdeburg⁴) und Leipzig ihr

---

¹) Dahin gehörte: Schwarz Hans (Hans Borgwitz), Simon Lemmichen aus Stargard, Klein Sümchen (Pfölkner) aus Otterhansen in Bayern. Sie büßten sämmtlich ihr Leben durch's Schwert in Freistadt ein (2. September.)

²) Sie beklagten sich sehr, daß er überall oben am Tische sitzen wollte.

³) Namentlich Catharina von Landsberg legte Protest gegen die Untersuchung ein. Hieronymus v. Biberstein kam in Conflict, daß auf einem Schreiben an ihn nur einmal „Herr" und nur „Edler" geschrieben sei.

⁴) Hans Kohlhasen, den Pfarrer, sprachen sie von der peinlichen Untersuchung frei, „dieweil er sich auf seinen geistlichen Stand berufet."

Urtheil einsandten, das Viele von den Qualen der peinlichen Untersuchung befreite. ¹)

War ein Proceß geeignet, die tiefen Schäden des großen Jahrhunderts an das Licht zu bringen, so war es die Untersuchung gegen die Genossen Kohlhasens im engern wie im weitern Sinne. Zuletzt waren es 115 Personen, die dem strafenden Gericht entgegengingen. Nur Kohlhase mit wenigen Gesellen war dem wachsamen Auge seiner Feinde verborgen geblieben ²), trotz Versicherung, doch von einer politischen Gewalt geschützt, die in vielen Beziehungen, in religiöser und politischer Natur dem sächsischen Churfürstenthum nicht freundlich, gegenüber stand.

Lange vielleicht würde Kohlhase, der unseres Wissens sein Wort nicht gebrochen hatte und die Fehde gegen Sachsen aufgegeben, sich noch im brandenburgischen Gebiete gehalten haben. — Aber da betrat er einen Weg, der ihn sicher und schnell der Katastrophe entgegenführte.

Noch hatte er, wie es scheint, auf die Erfolge Luther's gehofft. Als seine Hoffnungen auf einen Vergleich sich nicht erfüllten, sein verletztes Rechtsgefühl keinen Ausweg fand, verlor er in der Aufregung die Ruhe und die Besonnenheit, die ihn lange Zeit, wie nicht wenige seines Gleichen, von falschen Wegen fern hielt.

In diesem Moment gab er dem verderblichen Rathschlage seines eng Verbündeten, des Georg Nagelschmidt ³) Gehör, dessen düstere Vergangenheit zeigte, daß Kohlhase vom wackern Bürgern Cöln's in die tief untersten Schichten herabgestiegen war. Schon das Aeußere

---

¹) Hiermit schließen im Wesentlichen die Acten des Gesammt-Archivs. Von nun an beruht die Darstellung auf Haftitz.

²) Charakteristisch war das Benehmen der Kundschafter. Einer von ihnen (Georg Schmit) traf den Kohlhasen in Pommern. Er ließ ihn unangefochten, das Zechen mit Weibsbildern war für den Kundschafter wichtiger, als das Einfangen des Kohlhasen. Der Kundschafter, welcher seine Frau mit sich hatte, ließ sich in Berlow in der Altmark nieder, um erst in einem daselbst gemietheten Hause die Niederkunft seiner Frau abzuwarten. Er nährte sich neben der Kundschaft von „Gaukeleien mit Chrystallen."

³) Jedenfalls trug er diesen Namen, wie auch der Chronist meint, von seinem Gewerbe.

dieses Gefährten, der die Abenteuer des Lebens in rechtmäßigem Kriegshandwerk in Geldern und Dänemark bestanden und dann nach mancherlei sträflichen Vergehen auch in den Ställen am brandenburger Hofe zeitweise sein Leben gefristet, scheucht den Glauben an Kohlhasens biedern Sinn zurück. Kopf- und sinnlos folgte Kohlhase den Eingebungen des Elenden, der ihm rieth, nun auch den eigenen brandenburger Landesherrn zu befehden, um denselben desto sicherer gegen Sachsen zu gewinnen, und dieses zur Annahme eines Vergleichs zu vermögen. — Um das zu erreichen, lauerten sie dem churfürstlich brandenburgischen Factor Conrad Dratzieher[1]) auf, der mit Silberkuchen aus den Mansfeldischen Bergwerken nach Berlin zurückzukehren in Begriff stand. Etwa eine halbe Meile südlich von Stolpe führten sie den Ueberfall aus und versenkten das geraubte Gut unter eine nahe gelegene Brücke, der seit jener Zeit der Name Kohlhasenbrücke geblieben ist.

Längst schaut das Auge die alte Brücke nicht mehr, welche durch eine steinerne ersetzt ist, über welche jetzt der Schienenweg nach Potsdam führt. Von jener Zeit aber datirt der Name Kohlhasenbrück, der auch auf die Ansiedelungen neueren Ursprungs übergegangen ist.

Unglaublich war die Aufregung in der Mark, als diese That bekannt wurde. Es war das Werk eines Augenblicks, daß sich die öffentliche Stimme gegen Kohlhasen erhob. Denn was er beabsichtigt, war der Menge verborgen; auch der Churfürst wird die richtigen Motive dieser That nicht erkannt haben und ihm galt es jetzt alles Ernstes, des gefährlichen Fehders habhaft zu werden, um ihn unschädlich zu machen.

„Mit Hülfe des im Rufe eines Schwarzkünstlers stehenden Scharfrichters Hans," sagt der gläubige Chronist, „wurde Kohlhase nach Berlin gelockt." Als gewisse Kundschaft seiner Anwesenheit eingebracht war, ließ der Churfürst Haussuchungen anstellen und bedrohte Jeden durch öffentliche Ausrufer mit Todesstrafe, der den Kohlhasen bergen würde.

---

[1]) Die Breslauer Handschrift: Dretzieher.

Da nach langem Suchen fand man ihn unweit der St. Nicolai-Schule, in dem Hause des Thomas Meißner samt seiner Frau in einem Kasten. Als man den Deckel öffnete, sprang er behände heraus, und indem er ihn zuschlug, sagte er unverzagt: „Hier bin ich und trage in der Jopen, damit ich büßen und bezahlen kann, was ich mißhandelt."

Bald darauf war auch Georg Nagelschmidt entdeckt, der sich hart am Georgenthore in des Bürgers Putelitzens Hause verborgen gehalten hatte, während Hans (Grasmus [1]), sein treuer Gefährte, den die Zeitgenossen oft wie eine Katze auf den Dächern laufend gesehen haben wollen, an einem Hölzchen schnitzend, mit entstelltem Gesicht und als Bauer verkleidet durch das Thor der Stadt entkam. [2])

Nachdem der Churfürst über den Gefangenen die peinliche Untersuchung verhängt, ordnete auch Johann Friedrich seine Räthe am 8. März nach Berlin ab, um der peinlichen Befragung beizuwohnen. [3])

Längst hatte der Bürger mit seiner Frau, welche unbewußt den Nagelschmidt geborgen, auf dem neuen Markt das Leben durch das Schwert gebüßt. In der ersten Hitze hatte man sie dahin geschleppt. Als man die Frau begnadigen wollte, hat sie gedankt, und nachdem sie ihren Mann mit einem Kuß gesegnet, fiel das Haupt Beider die mit einander grau geworden waren.

Staunen ergriff die Menge, als Kohlhase in einer dreistündigen gewandten Erzählung den Hergang der Fehde berichtete. Schwerlich dürfte er von dem begangnen Unrecht überzeugt gewesen sein. Nachdem er noch die Kunde vernommen, daß seine Frau traurig ihr Dasein fristete und unter dem Schuppen, der beim Cölner Rathhaus gegenüber die Feuerleitern barg, ihm zwei todte Kinder geboren, war für ihn die Stunde gekommen, in der er festen Schrittes dem Hochgerichte zueilte.

---

[1]) Wohl Schwarzhans in den Untersuchungsacten?
[2]) Luther schreibt auch 3. März 1520: capto Kolace cum duobus, worunter Nagelschmidt und der Küster der Nicolaikirche zu verstehen sind.
[3]) Den 8. März 1540 von Gotha aus den Secretär Anthon Pestel und Anton Scheibe. Leider fehlt dieser den Acten entnommenen Nachricht die Relation über das Verhör. Sie wird wohl mündlich erfolgt sein.

Auf Betrieb des sächsischen Anwalts als Landfriedensbrecher zum Tode durch das Rad verurtheilt, fehlte ihm die Fürsprache nicht, welche ihn zum Schwert begnadet wissen wollte.¹)

Da noch einmal bestimmte Georg Nagelschmidt seinen Willen: „Sind wir gleiche Brüder gewesen, so ziemen uns auch gleiche Kappen", sprach er, und Kohlhase schlug die Gnade aus.

Es war am 22. März 1540, als in den ersten Stunden des Nachmittags eine unabsehbare Menge ihn hinausgeleitete durch's Georgenthor. Bis zuletzt hat er den Spruch wiederholt: „Nie sah ich einen Gerechten verlassen."

Dort, wo heute die Frankfurter Straße ihre prächtigen Häuserreihen entfaltet, endete Hans Kohlhase, treu dem Grundsatz: fiat justitia et pereat mundus!

---

¹) Menzens Nachricht ist falsch, daß Kohlhase durch's Schwert gerichtet sei, er starb auf dem Rade. Luther berichtet: daß über 40 aus seiner Genossenschaft, davon 14 hingerichtet seien, welche Marzahna beraubt hatten. de Wette V. p. 272. Es ist übrigens höchst interessant, daß im Anfange 1545 fünf ungenannte Personen, angeblich im Auftrag der Kohlhase'schen Verwandtschaft, eine nochmalige Fehde ansagten. In der Person des Hans von der Drossel, eines Sohnes des Hauptmanns von Lichtenberg, Günther von der Drossel, entdeckte Herzog Moriz den verkappten Fehder. Hans von der Drossel wurde zu Torgau enthauptet. Die Acten hierüber sind leider nicht mehr vorhanden, aber das Ende der Sache ergiebt sich aus unserm Repertorium. Ich danke auch diese Hinweisungen dem Archivdirector v. Weber in Dresden.